足球运动理论与体育产业发展实践

高长旭◎著

吉林出版集团股份有限公司
全国百佳图书出版单位

图书在版编目（CIP）数据

足球运动理论与体育产业发展实践 / 高长旭著 . --
长春 : 吉林出版集团股份有限公司 , 2023.11
ISBN 978-7-5581-1975-0

Ⅰ . ①足… Ⅱ . ①高… Ⅲ . ①足球运动－体育产业－产业发展－研究－中国 Ⅳ . ① G843

中国国家版本馆 CIP 数据核字（2023）第 228107 号

足球运动理论与体育产业发展实践
ZUQIU YUNDONG LILUN YU TIYU CHANYE FAZHAN SHIJIAN

著　　者　高长旭
责任编辑　蔡大东
封面设计　守正文化
开　　本　710mm × 1000mm　　1/16
字　　数　200 千
印　　张　12
版　　次　2024 年 1 月第 1 版
印　　次　2024 年 1 月第 1 次印刷
印　　刷　天津和萱印刷有限公司

出　　版　吉林出版集团股份有限公司
发　　行　吉林出版集团股份有限公司
地　　址　吉林省长春市福祉大路 5788 号
邮　　编　130000
电　　话　0431-81629968
邮　　箱　11915286@qq.com
书　　号　ISBN 978-7-5581-1975-0
定　　价　72.00 元

作者简介

高长旭，男，烟台南山学院讲师，曾主持参与省部级课题 7 项，发表 CSCD 论文 2 篇，SCI 检索收录 1 篇，国家发明专利 1 项，发表论文 10 余篇，参编著作 1 部，指导大学生创新创业训练实践项目 1 项。

前 言

足球运动被誉为“世界第一运动”，在各个国家都有广泛的参与人群。在我国，足球运动同样拥有大批的参与者，而且足球教学也是体育教学的重要内容。足球运动训练是一门科学的训练。足球运动训练的科学性体现在科学的训练目标、科学的训练内容、科学的训练方法等。在足球运动训练中，足球教练员要以体育学、物理学、运动生理学、心理学等学科知识为理论依据组织训练。同时，在训练期间，要严格贯彻循序渐进、因材施教的基本原则，以及健康第一、全面发展的核心理念。20 世纪 80 年代，我国的体育产业开始起步，现经过 40 多年的快速发展，已经成为我国国民经济新的增长点。在取得业绩与成功经验的同时，人们也越来越多地关注体育产业。那么何为体育产业，体育产业的主要类型，我国体育产业的现状，在社会主义市场经济条件下体育产业该如何经营，与国外体育产业的发展比起来我国体育产业的发展战略应如何定位等问题，便是接触体育产业首先应该清楚并理论化的部分。为了促进我国足球运动水平的提高和体育产业的发展，本书将围绕足球运动理论与体育产业发展实践展开论述。

本书内容共分为五章。第一章为足球运动概述，分别介绍了足球运动的发展历史、足球运动的特征规律、足球运动的发展价值三个方面的内容；第二章为足球运动训练概述，主要介绍了两个方面的内容，依次是足球运动训练的理论、足球运动训练的理念；第三章为足球运动的训练体系，主要介绍了四个方面的内容，依次是足球运动的身体素质训练、足球运动的心理素质训练、足球运动的技术训练、足球运动的战术训练；第四章为体育产业发展现状分析，依次介绍了体育产业发展的现状概述、体育产业发展的相关政策、体育产业发展的未来趋势三个方面的内容；第五章为足球产业发展实践探索，主要介绍了四个方面的内容，依次是足球赛事产业发展实践、足球传媒产业发展实践、足球游戏产业发展实践、足球旅游产业发展实践。

在撰写本书的过程中，作者得到了许多专家学者的帮助和指导，参考了大量的学术文献，在此表示真诚的感谢！由于作者水平有限，加之时间仓促，本书难免存在一些疏漏，在此恳请同行专家和读者朋友批评指正！

高长旭

2023 年 4 月

目 录

第一章　足球运动概述

现代足球运动已经发展成为影响力最大的体育项目之一。而高水平足球竞赛几乎吸引了全世界球迷的目光，在精彩激烈的对抗中，运动员挥汗如雨，观众如痴如醉，充分地体现出足球运动的巨大魅力。本章主要介绍足球运动概述，主要从三个方面进行了阐述，分别是足球运动的发展历史、足球运动的特征规律、足球运动的发展价值。

第一节　足球运动的发展历史

一、足球运动的来源

（一）古代足球运动的来源

中国现代足球运动虽开展较晚，但足球运动起源于中国，却是不争的事实。据司马迁《史记》中的记载，蹴鞠起源于春秋战国时期的齐国故都临淄，至今已流传了2300多年，以此为主要佐证，中国山东淄博的临淄被国际足联正式确认为世界足球运动的起源地。作为一项古老的运动，足球运动历史源远流长，其产生和发展都离不开人类社会经济、政治、军事和文化的发展。

（二）现代足球运动的来源

布拉特曾在1980年所作的《国际足球发展史》报告中说："足球发源于中国，由于战争而传入西方。"阿维兰热于1985年在北京举办的首届"柯达杯"16岁以下国际足联世界少年足球锦标赛开幕式讲话中说："足球起源于中国。"[①] 中国是足球运动的起源地，2004年国际足联正式颁布的文件中对此进行了确认。虽然足球运动起源于中国，但那时的足球游戏（蹴鞠）相比于现在所进行的足球运动还是存在较大差异的。现代足球运动起源于英国，1863年10月26日，英国的11个足球俱乐部的代表在伦敦举行会议，世界第一个足球运动组织"英格兰足球协会"就此成立，在会议上，足球运动的比赛规则得到统一，这一天也成为现代足球运动的诞生日。

现代足球运动起源于西方文明。据记载，10世纪，罗马皇家近卫军把类似于踢足球的游戏传入英国，然而，1312年4月，英国国王爱德华二世却签署禁令，不允许开展盛行于伦敦街头的足球游戏，理由是这项运动对人的生命和健康会产生"危害"。16世纪，足球游戏又在欧洲大陆风生水起。伴随着英国工业革命的兴起及其对外的殖民扩张，1800年之后，英国向全球传播其足球文明。

① 小尘．蹴鞠·黄帝发明的足球运动[J]．艺术品鉴，2021(25)：22-25.

虽然足球运动历史源远流长，但早期的足球还是停留在游戏上，谈不上所谓的技术、战术和比赛规则。1863 年 10 月 26 日，在英国伦敦的皇后大街弗里马森旅馆，举行了由剑桥地区各学校代表参加的足球比赛规则讨论会，统一了 14 条足球比赛规则（当今国际足球竞赛规则也以此为蓝本），用来规范剑桥地区各学校间的足球赛事，此规则就是著名的《剑桥规则》，剑桥规则以书面形式第一次规定了足球是一项除手臂外触球的运动。这次会议还成立了英格兰足球协会，为此，世界各国普遍公认此日为现代足球的诞辰日，因此，英格兰也理所当然地成为现代足球运动的鼻祖。

二、足球运动的发展

（一）世界足球运动的发展

现代足球运动在英国产生之后，就开始了漫长的发展过程。1868 年，英国人将足球传入非洲。1870 年，足球进入大洋洲的澳大利亚。1893 年，南美洲首次开展足球联赛。1894 年，足球进入巴西。随后，足球又相继传入亚洲各国。足球发展至今已经成为一项受世界人民关注的运动项目，并受到全世界人民的欢迎和喜爱，成为名副其实的第一运动。

足球技战术和规则的不断完善也从侧面反映了足球运动的发展历程。1848 年，为了让各学校间的足球比赛更加规范，英国剑桥大学制定了一个简单的足球运动规则，当时称为《剑桥规则》。1863 年的伦敦会议，在《剑桥规则》的基础上进行了修改和增补，制定了最早的足球竞赛规则，这也是现代足球史上第一部统一的足球竞赛规则。随后由于足球比赛的规模和形式的不断变化，足球比赛规则也随之发生变化，如越位、犯规和处罚等规则被制定得更加具体和全面。足球竞赛规则的不断完善在很大程度上规范了足球运动比赛，也促进了足球运动竞赛水平的不断提高。而在足球运动产生之初，所表现出来的技战术内容相对简单，随着足球比赛的不断增多，足球运动的基本技战术得到了很大的发展。在足球赛场上不断出现精妙的过人技术和各种赏心悦目的战术配合，例如，足球运动的发展，带来了足球比赛阵型的不断改变，从 1930 年的“WM”阵型到 20 世纪 50 年代的“4—2—4 阵型”，再到目前流行的“4—4—2 阵型”“4—3—3 阵型”“4—5—1 阵型”，甚至是无锋阵型的产生，都体现了足球运动的发展，也正是足球技战术的不断演进，使足球比赛的激烈程度不断增加，悬念增大，足球比赛水平持续提高，这也进一步扩大了足球运动的影响力。

在足球运动的发展历程中，足球运动组织的出现也可以充分体现当今足球运动的发展。1857 年，英国第一家足球俱乐部——谢菲尔德足球俱乐部的成立打开了世界足球发展的新纪元。自此以后，英国相继成立多家足球俱乐部。随着足球比赛的不断增多，人们迫切需要成立一个全国性的足球组织，统一全国的比赛规则，规范足球运动和比赛。1863 年 10 月 26 日，英国 11 个足球俱乐部的代表在伦敦召开会议，成立了世界上第一个足球运动组织——英格兰足球协会。为此，国际上把这一天视为现代足球运动的诞生日。而在 1863 年后，欧洲一些国家也纷纷成立足球协会。在足球比赛快速发展的情况下，1904 年 5 月 21 日，法国、瑞士、瑞典、比利时、西班牙、丹麦等国在巴黎成立国际性的足球组织——国际足球联合会，简称国际足联（FIFA）。国际足联总部设在瑞士苏黎世。它的创立标志着足球作为一项世界性的体育项目登上国际体坛，使足球运动在更加广泛的范围内开展起来。从此，世界各国足球协会不断成立，会员国的数量不断增加。国际足联最初有 7 个会员国，发展到现在已有 200 多个国家和地区加入，国际足联也成为世界最大的国际单项体育组织之一。足球运动组织的产生对足球运动的发展有着重要作用，特别是一些世界性的比赛，极大地促进了足球运动的进一步发展。

在足球运动发展过程中，足球比赛是其发展的一个重要标志。1872 年，足球运动史上的第一次正式比赛在英格兰和苏格兰之间进行，而如今的足球比赛已经逐渐形成了世界性的比赛模式。目前，国际上比较重要的足球比赛有世界杯足球赛、奥运会足球赛、世界青年足球锦标赛、世界少年足球锦标赛，世界女子足球锦标赛、世界室内 5 人制足球锦标赛、世界俱乐部足球锦标赛等。这些比赛有力地促进了足球运动在世界各国的发展。其中，世界杯足球赛在足球界甚至体育界都享有盛名。1928 年，国际足联决定每 4 年举行一届世界足球锦标赛（后更名为世界杯），并规定每届比赛与奥运会相间举行，还决定设立专门的流动奖杯——金女神杯，奖给锦标赛的冠军，并规定，如果哪一支国家队能 3 次夺得冠军，将永久保留此杯。1970 年第 9 届世界杯上，巴西队第 3 次获得冠军，该奖杯归巴西永久占有。现在的流动奖杯为“大力神杯”，国际足联规定此杯为永久性流动奖杯，任何国家不论夺得多少次冠军，都不得独自占有该奖杯，其权利只是保留该奖杯4年至下一届世界杯。从1930年开始，世界杯足球赛开始举行，到目前为止共进行了22届，并有8个国家获得过冠军，分别为巴西（5次），意大利（4次），德国（4次），阿根廷（3次），乌拉圭（2次），英格兰（1次）、法国（2次）和西班牙（1次）。第22届世界杯于2022年在卡塔尔举行，各个足球队为全世界体育迷奉献了一场体育盛宴。足球比赛的频繁举行，使足球运动的影响力增大，足球运动的发展不断进步。

经过不断的发展，足球运动向着职业化的方向前进，目前足球职业联赛在许多国家进行，比较著名的有英超、西甲、德甲、意甲和法甲，称为欧洲五大联赛。高水平赛事的不断举行，加上足球明星运动员的不断涌现，足球运动在世界上的地位不断提升，在未来的发展中，足球运动仍将迸发出强大的生命力。

（二）中国足球运动的发展

1. 中国古代足球运动的发展

从某个角度说，体育发展的兴衰以及活动方式的变化都和这个国家（朝代）的整体文化有关。中国蹴鞠经历了几千年历史，几十个封建王朝，几千里不同地域和几十个不同民族的社会、文化环境，自然是有很大的差异，这就造成了蹴鞠在流传中有不小的发展演变，而且在蹴鞠功能、性质上也发生了变化。因此，研究蹴鞠的发展演变，可以从中看到历史社会文化对蹴鞠的影响。

殷商时代是否有蹴鞠舞尚需进一步证实，但汉代确有类似于舞的蹴鞠，汉画像石刻中便有多幅蹴鞠表演图像。

汉朝是封建社会的奠基时期，朝廷礼乐、典章制度，都是在这时制定的，后世只是稍加增减而已。汉代蹴鞠也奠定了蹴鞠2000年封建社会发展的基础，汉代蹴鞠的发展有两个方面：一是娱乐性的技巧提高，配合音乐伴奏，由自娱性休闲娱乐提高为观赏表演娱乐，成为“百戏”表演中的一个节目；二是作为军事训练手段，是军事检阅军礼的一个部分，其运动形式与娱乐性蹴鞠有很大的区别，不是表演而是竞赛，是一种对抗性较强的竞赛。

汉代两种蹴鞠的性质不同，一种是军事训练手段，一种是宴会娱乐。形式也不同，一种是对抗竞技，一种是技巧表演。但这两种蹴鞠都得到较为广泛的开展，成为我国古代蹴鞠发展的第一高潮期。这两种蹴鞠发展都是受当时社会文化影响，因社会需要而发展起来的。

南北朝是中国封建社会南北方民族文化大交流、大融合的时代，北方少数民族以其精湛的骑术优势战胜了中原地区的步骑联合兵种，因而促使了军事技战术的改变，骑兵成为重要兵种。唐太宗李世民以轻骑兵战胜群雄，统一天下，建立唐朝。因此，唐朝的最重要兵种是骑兵，建设强大骑兵成为国之大事，打马球是训练骑术和砍杀术的最好手段，于是马球成为唐宋时期军训的重点项目。

“寒食蹴鞠”民俗的开展使唐宋时期群众性蹴鞠得到极大的发展，其方法内容也有所拓展，原来的白打只是二人的对踢，后来发展为三人、四人、五人，直至九人的轮踢。原来的对踢只有几个动作，后来发展为“脚头十万踢，解数百千般。”无论是从技术的发展，还是开展的广泛程度以及蹴鞠在社会上的娱乐价值，宋朝都是中国蹴鞠发展最兴盛的时期。

由北方蒙古族所建立的元朝，虽然统治的时间短暂，但是促进了戏曲艺术发展，使其成为中国文化中的一颗明珠，而戏曲中的重要角色女蹴鞠艺人的成就更是熠熠生辉，使社会刮目相看。

任何事物的发展都具有两面性，元代女蹴鞠艺人的出现，在中国蹴鞠发展史和世界足球发展史中都具有极为重要的地位。

清在体育方面，如武术、相扑、击鞠、蹴鞠、捶丸、龙舟竞渡，予以严令禁止，如围猎、骑射、滑冰、摔跤则积极予以提倡发展，并曾企图把滑冰与蹴鞠相融合创造冰上的蹴鞠以代替中原传统的蹴鞠。

明代的蹴鞠运动的社会价值已逐渐下降，走向衰落，清朝文化政策的压迫更促使其消亡。清朝初年社会上还有蹴鞠的开展，康熙时礼部侍郎顾汧还有一首《过同年颜澹园寓观蹴鞠》诗，描写蹴鞠艺人精彩的表演。曹雪芹写的《红楼梦》第二十八回中还有：“可巧门上小厮在甬路底下踢球。”的记载。但是到了清代中叶以后，各种史籍中便没有蹴鞠的记载了，有几千年历史的蹴鞠运动发展陷入停滞。

纵观几千年中国蹴鞠的发展演变、兴盛衰落，与社会文化、政治、经济的发展密不可分，在其发展中不仅可以看到蹴鞠的丰富内容及其与社会文化相依存的关系，也可以从一个侧面看到中国封建文化受儒家思想影响的脉络，由刚健趋向于文雅，由力量发展为技艺，由竞争演化为表演。

2. 中国现代足球运动的发展

在19世纪末20世纪初，现代足球运动传入我国。19世纪80年代至20世纪初，现代足球运动在上海圣约翰大学和南洋大学、北京协和书院和汇文书院以及广州格致公学和南武公学等一些教会学校开展起来，随后武昌、天津、南京、青岛、厦门、杭州等一些沿海城市的教会学校先后开展了足球活动。

中华人民共和国成立后，体育事业受到了国家的高度重视，使得足球运动的发展拥有了很好的社会环境。1951年，我国首次举办了全国足球赛。1955年，中国足球协会成立。从1956年起，我国足球运动实行甲、乙级联赛制度，同时还实行运动员、裁判员等级制度。此外，还举办了全国足球锦标赛、全国青年足球锦标赛等。从1978年开始，全国甲、乙级联赛双循环升降级制度得以恢复，并建立了全国成年队联赛、青年队联赛等稳定而系统的竞赛制度。1992年是我国足球发展的一个重要关头，6月，中国足协在北京红山口召开全国足球会议，并指出足球必须搞上去，足球体制必须改革。从此，我国足球逐渐走上职业化道路，经过近20年的发展，我国的职业足球形成了一定的体系，我国的足球比赛包括中国足球协会超级联赛、中国足球协会甲级联赛、全国女子足球锦标赛和全国女子足球联赛等。

“现代足球是一种极易传播的文化形态，而传播是在特定场域内进行的，是特定社会关系、生活环境的体现。现代足球的传播也是一样，其在特殊的地域与适合的阳光、土壤、空气融合，折射出异彩纷呈的民族风格，延伸出多元化的现代足球风貌。”① 虽然我国足球运动的水平相比于国际高水平还存在差距，但是我国足球运动员在国际赛场上还是取得了一定的成绩。1996年，中国女子足球队在第26届奥运会上获得亚军，1999年，又在第3届世界女子足球锦标赛冠军争夺战中点球惜败美国队，获得亚军。2002年，我国男子足球队首次打入世界杯决赛阶段的比赛，实现了足球冲出亚洲、走向世界的美好愿望。相信在球迷的支持下，随着我国足球联赛的健康发展，中国足球的水平一定会不断提升。

① 郭帅．共融与重构：中国现代足球文化的生成发展与应然指向 [J]．体育科技，2019，40（1）：43-44.

第二节　足球运动的特征规律

一、足球运动的特征

（一）集体合作的前提性

足球比赛是指每队 11 人上场参赛的集体球类项目。足球场上 11 人所在位置、各自的职责虽然不同，但是球员们必须按照所定的战术策略和要求共同努力、团结一致，形成一个整体，才能为赢得比赛创造条件。

（二）对抗的特殊性

对抗包括：一对一的对抗到整体的对抗，有球的对抗到无球的对抗，同队的压力、对手的压力、环境的压力、心理的压力都会作用到一次简单的动作中。

（三）个人能力的综合性

个人能力是足球运动的基础，独特的个性特征与个人竞技能力要与集体技战术有机结合，才能充分发挥个人的综合能力。

（四）技术的多变性

足球运动的技术是多样的，战术是多变的。足球比赛的胜负难测是现如今足球运动的一个独特特点。在足球比赛时双方攻守转换快速而频繁，足球运动员比赛时候的位置和各自的职责随着比赛进程的变化也在不断地变化，运动员不断提高的技术能力和多变的战术指挥打法，使得比赛充满活力，让比赛的输赢充满了悬念。

（五）运动的艰苦性

一场高水平的 90 多分钟的足球比赛，其运动员活动距离平均为 9000～14000 米，其中快速冲刺距离在 2500 米左右，比赛中完成技术动作近百余次，运动员心率在 180 次 / 分以上的时间约有 32 分钟，氧消耗超过 300 升，热量消耗达 1500～2000 千卡，体重下降 2～5 千克。

（六）技战术体能的专项性

技战术体能的专项性主要表现在体能训练的技术化、体能训练的阶段性。因此体能训练水平与技战术水平的提高必须同步进行。

（七）比赛技术环境的不可重复性

训练中的技术运用不能等同于比赛中的技术运用，许多特定的比赛环境是不容易再现的，某一场比赛的情境是无法还原的。

（八）比赛技术和训练技术的非一致性

训练虽然是为了解决比赛中存在的问题，但训练与比赛有着极大的区别，其间的心理感受模式及情绪体验是不能同日而语的。

（九）对抗中的及时性、准确性

在激烈的比赛对抗中，一切动作都有一个及时性与准确性的问题。传球不及时，得分机会稍纵即逝；回位不盯人，对方就有可乘之机。

（十）易行性

足球比赛所需要的器材、设备要求不是很高，比赛的组织开展非常简便，简单点的足球比赛对时间、人数、场地器材等都没有限制。

二、足球运动的规律

（一）非乳酸能训练规律

足球运动具有以有氧耐力为基础，以有氧、无氧和混合氧供能为特征，突出非乳酸能速度耐力训练的生理变化规律。

（二）综合性技战术规律

足球运动具有以技术、技巧为基础，以战术意识为灵魂，以身体、心理和意志力为保证，突出综合性技战术训练的运动规律。

（三）高强度对抗性规律

足球运动具有以变化性、整体性、对抗性为特点，突出高强度对抗性的规律。

（四）比赛实用技术运用规律

足球运动具有以训练为基础，以比赛为目标，以比赛带动训练，突出比赛实用技术运用的规律。

第三节　足球运动的发展价值

一、足球运动的政治价值

（一）促进宣传教育

足球运动通过竞技比赛的形式向大众展示足球文化的魅力，传播足球文化的真谛，使足球运动的欣赏者、参与者和关注者不受年龄、性别、国界、地域、文化水平、宗教信仰等差别的限制。从而使足球运动有着其他任何文化形态都不能取代的影响力和感召力。

足球比赛竞争激烈，扣人心弦，拥有广泛的群众基础和突出的感召力，因此，一些国家纷纷把足球作为一种特殊的手段来表现国家实力，提高国际声誉。

（二）振奋民族精神

足球运动的竞争日益激烈，逐渐发展成为国家之间竞争的一个政治舞台和显示一个国家的政治、经济、文化的重要窗口。

当今世界，在一次重大的国际比赛中，人们总是把一个国家的运动员在比赛中的表现和取得的成绩看作该国家的国力和民族气质的反映，获胜一方的国家会倾城欢呼，举国若狂。足球运动也是如此，一次重大的足球比赛的胜利，能使该国的民族精神得到升华，使民众的爱国热情得以张扬，民族团结得以促进，从而振奋民族精神，提高该国人民的民族自信心和自豪感。

（三）增进国际交往

全球性通信网络的形成和足球运动能超越世界语言和社会障碍的特点，促进了足球的国际化，使足球比赛成为国家间重要的外交手段。足球运动是友谊的使者，能化干戈为玉帛，更能扩大国家、民族、地区、人与人之间的交往，增进友谊。

二、足球运动的经济价值

（一）足球产业市场大

足球运动被誉为“世界第一运动”，在全球形成了巨大的体育产业市场。目前，国际足联的会员国有两百多个，参与人员（包括运动员、教练、裁判、队医、体能教练、直接或间接服务的公司人员）达到2亿。世界约有20%的人口的生活与足球有关。世界杯及各大洲的足球盛事的举行牵动着亿万球迷，同时也牵动着与之相关的产业的发展。

（二）足球商业价值广泛

在当今社会，足球运动具有极大的商业价值，甚至直接影响了某些国家经济的框架结构。同时，足球运动也为很多国家带来了很大的经济利益，在整个国家的经济市场上占有很重要的地位。例如，意大利的足球运动对其经济发展有着十分重要的支撑作用，该国的足球项目产业收益很高，在整个国家的所有产业中位居第四，是国家的支柱产业之一。足球事业不仅能为国家带来巨大的商业价值，还能缓解就业压力，是政府不可小视的力量。

足球运动具有广泛的影响力，是一项全球性的运动，吸引了各个年龄段和地区的人们的目光。很多商业机构也看中了足球的巨大市场潜力，纷纷投资足球俱乐部，或者赞助重要的赛事，以此来提升自己的品牌知名度，推广自己的产品，增加自己的商业价值。这也是所谓的“注意力经济”的体现。

（三）足球转播费能带来高额利润

足球俱乐部本身的收入不仅包括通过形象代言获取其他财团的赞助，还包括通过足球运动项目获得收益。通常情况下，足球俱乐部的收益包括三部分，即赛事门票、广告收入和赞助收入、赛事的电视转播权授权所获得的收入。

（四）带动其他产业的发展

足球市场的商业价值巨大，影响力广泛，不仅能促进自身竞技水平不断发展，还促进了与比赛相关的商品销售量增长，足球相关商品销售在欧美、日本等地发展十分成熟，市场巨大。这些商品除了运动和比赛能够用到的球服、球鞋和帽子之外，还包括俱乐部设计的围巾、喇叭等，它们通常带有俱乐部的标志，是球迷们十分喜爱的纪念品。日本设计生产的足球联赛相关产品已经超过两百种，因为相关产品销售十分火爆，联赛相关产品专卖店也随之出现。

三、足球运动的文化价值

（一）弘扬民族文化

在国际足球比赛中，不仅有升国旗、奏国歌的环节，主办方还要举办能够代表自己民族文化特色的仪式活动。这样的仪式活动可以增加比赛的庄严感，也可以让观众了解不同国家和民族的风俗习惯。这是一种体现尊重和友好的方式，也是一种展现文化多样性和促进文化交流的机会。

第一，足球运动不仅是一项体育项目，也是一种展现国家综合实力和民族传统文化的方式。足球比赛的成败不只关乎运动员的个人荣誉，更牵涉到集体、民族和国家的荣誉。因此，很多社会团体都选择为足球俱乐部提供赞助，很多国家和地方政府也十分重视足球运动事业的发展。

第二，足球运动不仅能锻炼身体，还对传承和弘扬民族精神有很大帮助。当今社会，足球运动不仅具有鲜明的个性特征，还是进行社会爱国主义教育的有效方式。很多国民都对重大国际足球赛事倾注了莫大的关注，并用实际行动支持己方的球员。比赛胜利后现场和电视机前观众的欢呼声足以证明，足球比赛能够唤起民众的民族自尊心和自豪感，从而增强民族的凝聚力。这种凝聚力也会逐渐渗透进观众所在的企业与行业当中，从而激励人们为共同的目标奋斗、拼搏。

（二）提高道德水平

足球运动不仅是一种体育活动，也是一种社会文化现象。足球运动中的道德规范，如公平、正义、友好、合作、团结、诚信、竞争等，是社会公德的重要内容，也是社会文明的基本要求。参与足球运动能让运动员感受到道德规范的重要性，并自觉遵守比赛规则。因此，足球运动对于提高公民道德水平有着积极的影响。

足球运动需要整个团队共同努力完成，是一项集体主义事业。在比赛当中，运动员要将国家和集体的利益放在个人利益之前。同时，足球运动也是一种公开透明、光明正大的运动，任何投机取巧，试图通过不正当手段赢得胜利的人，其目的都无法得逞。足球运动的魅力在于它绝对的公平性，想要参与足球运动，就要遵守其比赛规则，规则面前没有特权。而人人平等的观念正是与日常社会中法律赋予人们的权利和义务相吻合的，有助于提高人们在社会中的法律意识和道德情操。

此外，在足球赛场上，球员必须要相互尊重、尊重裁判和观众。对于足球运动员而言，比赛规则和道德观念十分重要。而这种道德观念的养成也会影响足球运动参与者的心理和思想，并逐渐改变人们的行为习惯，使其在日常生活中能遵守道德规范和规章制度。这在一定程度上有利于国家和社会的道德建设。

（三）提高审美意识

足球比赛不仅是一项体育运动，也是一种艺术。观看足球运动比赛可以让人获得美的享受，培养人们的情操，提升人们的审美水平。一方面，足球比赛过程中有十分激烈的对抗，使其具有很高的观赏性；另一方面，参与者可以通过运动技巧和战略来击败对手，获得一种独特的满足感。无论是观看精彩的足球比赛还是参与足球运动，都可以让人们暂时忘却工作上的压力，获得轻松愉悦的心境和美的体验，从而使人们在舒适愉快的氛围中不断提高自己的审美。

四、足球运动的健身价值

参与足球运动时，球员的身体各个部分都能得到充分的锻炼，它是一项综合性十分强的体育运动，因此在健身方面具有很高的价值。

在足球运动中，运动员能够全方位地锻炼自己的机体体能。足球比赛中涉及很多运动，如踢球、顶球、抢球、奔跑、冲撞等，因此其对于身体锻炼而言有很高的价值。人体的体能通常分为两种，一是和身体健康相关的体能，足球运动中此类体能有身体柔韧性、心肺耐力、肌肉力量、身体成分等；二是和运动的动作技能相关的体能，足球运动中此类体能包括速度、灵敏度、力量、身体平衡性、反应能力等。

在足球运动中，运动员几乎要调动人体所有的体能。因此，人们在生活中保持一定的足球运动参与频率可以有效提高自己的身体素质，加快身体新陈代谢，达到健身锻炼的目的，让身体的各项机能保持健康状态，从而保持身体的健康。

五、足球运动的健心价值

（一）改善心理素质

参与足球运动有助于人们的心理调节，从而保持心理健康。在比赛中，运动员要面对对手的强力防守，要随时调整自己的进攻策略，要应对场上的各种变化，这些对于运动员的心理素质和智力发展而言是非常大的挑战。出色的足球运动员，不仅可以通过灵活地制定或修改自己的战术目标有效地控制比赛节奏，还可以通过对对手行为的分析来预测比赛发展，从而提前进行战术安排。经常参与足球训练和比赛能让人增强自信心，获得强大的内心。

足球运动不仅能调节心理，还能培养人们的意志力和道德素养。长期参与足球运动的人，往往具有勇敢、坚韧、进取的精神以及团结、顽强、自信、敢于竞争的美好品德。现代人喜欢追求成功、热爱冒险、积极进取，足球运动则很好地迎合了这些需求。因此，世界各地有无数的人对这项运动充满热情，喜欢参与这项活动并对其赛事倾注了很多关注。参与和观看足球运动能够缓解学习、工作带来的压力和焦虑。

足球运动具有很强的竞技性，因此参与足球运动的运动员要不断地学习相关的科学运动与锻炼知识，将新的运动训练技巧和理论运用在自己身上，从而提高运动水平。在足球比赛中局势变化迅速，运动员需要在攻防之间不断切换，因此，比赛过程中对抗非常激烈。越是高水平的比赛，越是需要运动员有更强的体能素质。在足球运动对抗过程中，运动员的身体会受到很大的压力，这些压力包括生理和心理两个方面，从而使人的身体产生超出常态的变化。运动员必须通过强大的意志力和坚韧不拔的耐力来克服这些变化和不适，所以说经常参加足球运动，有利于培养参加者参与竞争的自觉性和顽强性。

（二）提高个体社会适应力的价值

社会适应是指人类通过改变个体和群体、社会环境之间的相互影响与作用，建立良好的人际关系、更好地适应自己的社会角色的能力。通过参与足球运动，人们能够更多地与他人交流合作，从而锻炼自己的人际交往能力，更好地适应社会的发展与变化。

首先，足球运动可以提高人的沟通能力。足球运动能使人真正具备沟通能力，掌握沟通方式。由于足球的每一个动作，都是在老师的讲解示范和参与者的练习实践中进行的。因此，在对足球动作技术纠正的同时需要运动员在相互练习中进行自我完善的沟通，在赛场上需要运动员之间相互配合的默契沟通。这种沟通必须是直观的、及时的、准确的和主动的。因此，经常参与足球运动，对提高人的沟通能力，形成良好的人际关系，将产生积极的影响。

其次，足球运动可以增强个体对身体语言的理解和使用能力。身体语言是沟通的有效方式，是个体在社会交往中必须具备的能力。足球运动作为社会文化的重要组成部分，能有效地提高人的身体语言表达能力。足球运动是一种对人体运动能力有很高要求的运动项目，它需要运动员具备良好的身体协调性和柔韧性。通过足球运动的训练，人们可以提高这些素质，并且能够感受到运动中的美感和内涵。因此，足球运动对于培养和应用身体语言有着重要的作用。

最后，足球运动可以改善个体的自我意识水平、移情能力和社交技能。一方面，足球运动是一种集体项目，参与足球运动的人要学会在团队中发挥自己的作用，履行自己的职责，与队友保持良好的沟通和协作，互相帮助、支持和激励，形成团结合作的氛围，共同迎接比赛的挑战。另一方面，参与足球运动的人也能得到自我意识的培养。因为教师或教练的评价不一定全面，观众的评论不一定及时。因此，及时反思自己的表现，找出自己的优势和不足，调整自己的技术和战略，就成了提高自己足球水平的关键。通过足球运动锻炼出来的自我意识能力，在社会生活中也会发挥作用，可以让人更清楚地认识自己和他人对自己的看法，强化自己的社交能力。

总之，足球运动技术动作难度大，战术复杂，体能要求高，比赛中的角色复杂，是一项能够展现体育精神、重视公平竞争、弘扬奥林匹克精神的运动。现代社会中，每个人都面临着激烈的竞争，参与足球运动可以锻炼人的竞争能力、培养人公平竞争的道德观，从而帮助人更好地适应社会生活。

第二章　足球运动训练概述

足球运动训练体系的科学建设对于规范现代足球运动训练、促进足球运动员技能有序提高具有十分重要的理论和现实意义。本章为足球运动训练概述，主要包括两个方面内容，分别是足球运动训练的理论、足球运动训练的理念。

第一节　足球运动训练的理论

一、足球运动训练的目标

（一）足球技战术训练目标

足球技战术训练目标就是通过科学的技战术训练方法，使运动员掌握先进的足球运动技战术知识，具备全面的足球运动技战术运用能力。具体来说，足球运动技术、战术训练目标如下：

足球运动技术训练目标是运动员通过训练全面地掌握足球的运球、过人、传球、射门、头球以及假动作等技术，并能够在足球比赛中进行充分的发挥。

足球战术训练目标是运动员掌握战术知识，理解自己在足球阵容中的位置、意义和作用，并在比赛中能够充分发挥自己在整个足球战术阵容中的作用。

（二）足球身体素质训练目标

现代足球运动身体素质训练的目标不仅要求足球运动员保持较好的有氧能力，还需要具备较好的无氧能力，并以各项身体素质的全面协调发展为目标，围绕足球运动专项特点，提高足球运动员的专项速度、力量、耐力、柔韧、灵敏等素质水平。

（三）足球心理素质训练目标

现代足球运动心理素质训练的目标是增强运动员的自信心，促进足球运动员自我控制能力和稳定注意力的提高。除此之外，还要提高足球运动员的意志力、竞争意识、沟通能力、角色的定位和责任感等心理素质。并能使足球运动员的心理素质与足球运动专项比赛能力（包括技战术能力和专项身体素质）充分结合起来，提高足球运动员的竞技状态和竞技能力。

二、足球运动训练的基本规律

（一）身心发展的基本规律

科学的足球运动训练应建立在充分遵循足球运动员身心发展规律的基础之上，训练不能违背运动员的生长发育。就现代足球运动训练来讲，随着运动员身体各系统功能的逐步成熟，各种运动素质也不断得到发展和提高。但不同时期的足球运动员生长发育特征存在着一定的差异，有的运动员生长发育快，有的运动员生长发育慢，有的运动员系统发育早，有的运动员系统发育晚，这都是正常现象。因此，运动员在训练时要遵循机体生长发育的基本规律，合理地安排训练。

此外，足球运动训练还应充分考虑不同运动员的身心差异，因材施教，提高训练的针对性。

（二）运动竞技能力的规律

足球竞技能力是指运动员参加足球比赛的能力。足球运动员竞技能力的构成要素主要包括技术、战术、身体素质和心理素质四个方面。其中，技术和身体素质是战术的物质基础，战术发展影响技术和身体素质的发展；心理素质是技术、战术和身体素质正常发挥的保证，直接影响运动员的竞技水平的发挥。上述四个要素相互影响、相互制约，需要共同发展，缺一不可。我们还应认识到，足球运动员竞技能力的发挥不仅取决于球队本身，也要受制于对手竞技水平的发挥。因此要在足球运动训练中综合分析，合理安排训练。

（三）足球运动实战性规律

足球训练的根本目的是提高运动员的实战水平，因此在训练中必须围绕实战开展训练，遵循以下几个基本规律：

1. 技战术能力培养全面而系统

现代足球比赛竞争激烈，比赛情势瞬息万变，突发状况时有发生，因此足球运动员要全面了解和掌握足球运动的技战术知识，才能投入训练实践中。在比赛过程中，运动员要仔细分析对手的技战术特点、同伴以及球的运动变化等各种因素，从而选择出合理的技战术行动，并总结成功的技战术经验，全面而系统地提高技战术能力。

2. 技战术发展要适合实战性

足球运动员技战术水平要通过实战来检验，因此采用的技战术训练的手段和方法要结合实战进行。一方面，足球运动员的技术训练应使运动员的技术运用能力在原有基础上得到不断发展和提高，因此在训练中要不断修正技术动作，使运动员运用技术的能力得到持续发展；另一方面，足球运动员的战术训练要遵循战术发展的一般规律，从局部战术逐步过渡到整体战术。各个不同时期的训练要结合实际情况，恰当选择训练方法和负荷强度，循序渐进地在训练中引入比赛因素。不同年龄段的运动员训练应符合年龄段比赛特点，不能过度训练。

3. 职业素质与技战术发展相统一

运动员的职业素质在足球运动训练中具有重要地位，在训练过程中，要加强运动员职业素质的培养。具体来说，运动员的职业素质反映在训练比赛中的纪律性以及与同伴的交流、合作等方面，实践证实，优秀的足球运动员往往具有较高的职业素质水平，这对于其更好地应对复杂的社会环境，处理好遇到的突发状况具有重要的帮助作用，因此要在足球训练中重视足球运动员的职业素质训练，并与足球运动技战术发展紧密结合起来。

三、足球运动训练的基本原理

（一）机体代谢原理

足球运动训练中，机体承受负荷需要消耗大量的能量，能量的消耗对应的是能量的补充。物质和能量代谢原理是足球运动员从事运动必须遵循的重要理论之一。

新陈代谢是人体生命活动的基本特征之一，它具有非常重要的作用和意义。在参与运动训练过程中，人体内的物质和能量代谢过程会较平时得到加强，能量的消耗也会随之增大。从事有效的训练能够提高人体组织细胞内酶系统的适应性，使酶的活性得到提高，从而促进人体的物质代谢过程和能量代谢过程，使能量物质的恢复更加充分，从而达到比锻炼前更高的水平，人体各器官系统的功能也得到进一步增强。能量的供应是运动训练时运动员保持充沛的体力和获取良好运动成绩的重要条件。

总之，物质和能量是人体参与运动的基础，了解运动训练过程中机体代谢情况及规律有助于足球运动员更加科学地参与足球训练。

（二）训练负荷原理

足球运动训练在于提高运动员的身体素质和运动水平，这一目的主要是通过运动员在运动训练过程中不断承受和适应训练负荷来实现的，通过机体的不断适应来提高机体的运动能力和对外界（运动负荷）的适应能力。这就是训练负荷原理。

机体训练负荷原理要求足球运动训练必须注意以下两点：第一，根据负荷因素的基本特征，在训练初期，为了尽快进入运动状态，通常以增加负荷量的方式使机体的适应过程逐步实现。在专项训练阶段，以提高负荷强度刺激来加深运动员的机体适应过程。第二，对于足球运动员而言，训练负荷和内容安排应与足球运动专项特点保持一致。

（三）训练适应原理

生理学研究表明，运动训练过程中机体对训练内容的适应需要经过以下几个阶段：

1. 刺激阶段

训练初期，运动员的机体需要接受来自各方面的各种刺激，机体对各种刺激表现为不太适应。

2. 应答反应阶段

在运动负荷的刺激下，运动员机体各器官和运动系统产生兴奋，并将兴奋传输到各器官中，最后整个机体都进入运动状态，实现机体对外界刺激（运动负荷）的生物应答反应。

3. 暂时适应阶段

一段时间的系统训练后，运动员的机体器官和系统持续接受刺激，并持续对这种刺激作出反应，运动员的机能就会进入良好的工作状态，各项生理指标表现稳定，随着运动训练的继续进行，当机体某项应答指标虽不再上升也能承受外部刺激时，表明机体已经适应了当前的运动训练刺激。

4. 长久适应阶段

长期训练使运动员在全面增加和系统重复各种外部运动刺激的基础上产生较

为明显的身体结构和机能方面的改造。机体运动器官和身体机能在训练状态下表现良好。

5. 适应衰竭阶段

如果运动训练安排不科学，运动员的身体的某些机能会出现衰竭的情况。如为了快速达到训练效果而不合理地加大运动量，机体承受过度训练而遭受损伤。

在足球运动训练中应注意遵循不同训练阶段机体的客观变化特征，合理安排训练，切忌急于求成诱发不必要的运动伤病。

（四）超量恢复原理

超量恢复是关于运动时和运动后休息期间能量物质消耗和恢复过程的超量恢复学说。超量恢复在一定程度上受到疲劳程度、运动量的大小和营养供给等因素的影响。运动量的大小是超量恢复强弱的重要影响因素。具体分析如下：

运动训练中，一般情况下，运动量越大，人体内各器官和肌肉的功能动员的就越充分，能量物质消耗的就越多，超量恢复也就会越显著。如果运动量过大，超过了人体正常承受的范围，就会使得恢复过程延长，甚至可能会因过度疲劳而对身体健康产生不利的影响。如果运动量过小，身体得不到充分的运动，疲劳程度较小，超量恢复的效果就不显著，甚至不会出现，这不利于获得良好的训练效果。

超量恢复理论指导下的足球训练应注意以下几点：

第一，运动时间短，运动强度不大，不能使机体产生较大的反应，超量恢复不显著。

第二，重复性的足球训练应掌握好间歇的时间。间歇时间太短，身体始终处于疲劳状态，对运动员的身心健康不利；间歇时间太长，只能保持原来的体质水平，不能有效提高足球技能水平。

第三，要掌握好两次训练间隔的时间，一般通过测定心率的方法来进行控制，如运动后的心率达到 140～170 次 / 分钟，在心率恢复到 100～120 次 / 分钟时进行下一次训练为宜。

（五）运动素质转移理论

运动素质转移是指某些素质的发展会引起其他素质的发展，为了能够取得理想的训练效果，运动训练者应熟练掌握运动素质转移的基本理论及内在规律。

研究表明，运动者运动素质转移的决定性因素主要包括有机体的整体性、动作结构的相似性以及能量供应来源的同一性。首先，有机体的整体性是影响运动训练过程中运动素质转移的重要机制之一。运动训练中，运动员所表现出的同一种运动素质或不同的运动素质，都是在中枢神经系统的支配下发挥各器官系统的综合作用的结果，而并非仅仅依靠某一器官和系统。其次，运动素质的转移得益于技术动作结构的相似性。训练动作的结构及肌肉各种特征越相似，则运动素质转移的可能性就越大。最后，运动素质的转移得益于机体能量供应来源的同一性。对于运动训练过程中的运动素质而言，能量供应来源的同一性能有效促进相同能源供应动作技能的有利转换。

在足球训练中，应注意训练内容的相关性，以促进素质的良性转移，提高训练的效果和效率。

四、足球运动训练的营养学基础

（一）营养与健康的基本理论

1. 人体的能量消耗

人和动物一样都需要能量维持生命活动。人类从食物中取得的能量用于生命活动的各种过程，其中包括内脏器官的化学和物理活动、体温的维持、脑力和体力活动，以及生长发育等。一般说来，成人每天需要的能量：男性为 3600 千卡，女性为 3200 千卡。若长期热量不足，则会出现疲劳、消瘦、抵抗力降低，影响身体的发育、体力、学习和运动的技能。相反，摄入过多热量时，一般会储存起来，能量的主要储存方式是脂肪。从营养学角度看，一个少年从 10 岁成长至 18 岁的青年，身高均数增加 28～30 厘米，体重均数增加 20～30 千克，热量的增加与生长速度是相适应的，不致因热量的增加而引起肥胖。具体来说，人体的能量消耗主要通过以下三种方式：

（1）新陈代谢

基础代谢是维持生命最基本活动所必需的能量。每个人在同一生理条件下的基础代谢是接近的。基础代谢主要受体形、年龄、性别和一些生理状态的影响。

人体的能量消耗与其体形，尤其是体表面积有很大的关系，而人的体表面积又与其身高和体重有关。基础代谢与体表面积有着密切的关系，而且也和肌体的去脂组织有密切关系。由于男性的去脂组织中的骨骼肌比女性的发达，故基础代谢所需的能量一般高于女性。男性基础代谢所需能量约为 1500 千卡。

（2）脑力劳动和体力劳动

脑力和体力劳动是影响人体能量消耗的最主要因素。能量消耗与活动时间的长短有密切的关系。正常活动所需的能量约为 1600～2000 千卡。

（3）食物的特殊动力作用

食物的特殊动力作用是指人体由于摄食所引起的一种额外能量消耗。食物不同，所消耗的热量也不同。摄入蛋白质要多消耗相当于该蛋白质所产生热量的 30%，摄入碳水化合物多消耗其所产生热量的 5%～6%，摄入脂肪时多消耗其所产生热量的 4%～5%。一般情况下，成人由于摄入一般膳食每日多消耗的能量，约为 150 千卡。

根据能量的消耗，我们要进行合理的能量补充。在所有的营养素中，人体的能量主要来源于食物中的蛋白质、脂肪和碳水化合物，它们每克的产热量分别为 4 千卡、9 千卡、4 千卡。以上三种营养素摄入比例必须适当，才可以满足人体日常的能量需求。

2. 营养对健康的影响

营养是维持生命和健康的最重要因素。近些年，世界卫生组织曾做过一项关于人类健康的影响因素研究，结果表明，遗传因素对人类健康的影响最大，饮食营养因素位居其后。人类的遗传是相对稳定的因素，因此营养因素便成了人类能够控制和改变的影响人体健康的重要因素。营养对于健康的影响有很多，具体表现为以下几个方面：

（1）促进生长发育

人体生长的过程是身体细胞数量和体积增加、细胞间质积累的过程，其外在的表现是身体各部分的尺寸、长度和重量的增长。发育是指身体各部分的功能的提高和完善。营养是决定生长发育水平的关键因素，通过控制营养的摄入，人们可以有效达到促进身体生长发育的目的。蛋白质是人体细胞的主要组成成分，没有蛋白质人体就无法进行细胞分裂和生长。同时，其他营养素，如碳水化合物、脂肪、维生素、矿物质和水等，也是人体生长发育不可缺少的营养物质。

（2）提高机体的免疫能力

免疫系统是人体自身的一种防御性机制。免疫力低的人容易因为病菌入侵而引发疾病。营养不足是人体免疫系统应答能力降低的主要原因之一。保证正常的营养素的摄入，如维生素等，是提高人体免疫力的有效方法。

（3）预防疾病

营养不良是一种常见的健康问题，它不仅指摄入的营养物质不足，还指机体的营养代谢失衡。这两种情况都会导致各种疾病的发生和发展。例如，营养不足的人群可能面临缺铁性贫血、夜盲症等营养缺乏症的风险；而营养过剩的人群则可能增加心脑血管疾病、糖尿病等慢性病的危险。而且，饮食可调整人体阴阳平衡，“形不足者，温之以气；精不足者，补之以味”（《素问·阴阳应象大论》）。根据人体阴阳的盛衰，予以适当的饮食营养搭配，既可补充营养物质，又可调整阴阳平衡，以防止疾病的发生。

（4）提高智力

人类大脑的发育高峰期是少儿时期和青少年时期，在这两个阶段，人们必须保证营养物质摄入充足，否则就会影响大脑的发育。例如，二十二碳六烯酸对于人类大脑的发育有很大的影响，如果摄入不足，就会导致大脑智力开发不足。

（5）促进优生

孕妇的营养状况对胎儿的健康发育和未来的身心素质有着重要的影响，也是优生的关键因素之一。世界卫生组织的统计数据表明，在新生儿死亡率较高的地区，孕妇的营养状况与新生儿死亡率是正相关的。此外，孕妇营养水平不足也有一定概率会导致婴儿先天性畸形。孕妇如果膳食营养不足，可能会导致胎儿发育不正常、流产或早产。例如，孕妇如果长期缺乏锌，可能会造成胎儿中枢神经系统发育不完善；如果长期缺乏维生素 B_{12}，可能会影响胎儿骨骼的发育。

（6）延缓衰老

衰老是人体不可避免的自然过程。通过科学的营养调节，我们可以有效地减缓衰老的进程，让身体更加健康长寿。比如，根据人体随着年龄增长的生理变化，有针对性地摄入营养素，多吃蔬菜、水果和清淡的食物，少吃高盐、高脂肪的食物，可以预防或缓解心血管病等疾病的发生或加重。科学地加强营养，能够有效降低疾病发生的风险。总的来说，合理安排饮食可以保证机体的营养，使五脏功能旺盛，气血充实，人体适应自然界的变化、抵御外界的力量增强，食物对人体的营养作用就是最重要的防病保健途径。

（二）足球运动所需的营养

人类每天都必须摄取一定数量的食物来维持自己的生命与健康，通过摄取食物，人体吸收所必需的营养元素，来维持人们日常的生活、生产、工作和学习。现代科学研究发现，人体需要的营养素有 40 多种，共 7 类，包括水、脂类、蛋白质、碳水化合物、维生素、无机盐（矿物质）和膳食纤维。

1. 水

对于人体而言，水是必需的物质，没有水，人体的基本活动就无法维持，对于人体活动而言，水是仅次于氧气的重要物质。人体内的水，既不能少，也不能多，应保持相对平衡，还要克服不渴就不喝水的不良习惯。

（1）水是人体的构成成分，占体重的 60%～70%

在人体细胞和体液中，水是比重最多的物质。人体的很多生理活动都离不开水。当人体失水量达到自身体重的 2% 时，就会产生口渴的感觉；达到 6% 时，机体就会产生明显异常；失水量在 12% ~ 15% 之间时就会引起昏迷，甚至导致机体死亡。此外，人体水分过多也对机体十分不利，会导致身体水肿，引发相关疾病。

（2）水在人体中起着多种重要的作用

水不仅是人体各个细胞的组成成分，还是人体内物质交换的主要介质。水可以帮助人体将氧气和各种营养素通过血液或淋巴液分配到各个组织器官，满足人体的生理需求。同时，水也可以将人体代谢过程中产生的废物和有毒有害的物质通过尿液、粪便、汗液、呼吸等途径排出体外，保持人体的内环境稳定。

（3）水具有润滑和缓冲的作用

水可以减少人体各种组织器官之间的摩擦和冲击，保证人体的正常运动。水还能够调节人体的酸碱平衡和体温，维持人体的生命活动。人类饮用的水中有一些矿物质和微量元素。饮水是人获取这些物质和元素的必要途径。

2. 脂类

脂类是人体必需的一类营养素，是人体的重要组成部分。

（1）脂类的分类

脂类可分为脂肪和类脂。

①脂肪。脂肪是由一分子甘油和三分子脂肪酸结合而成。因脂肪酸碳链的长短不同和脂肪酸碳链中不饱和双键的数目不同，而构成不同的脂肪酸并连接成不同的脂肪。

②类脂。类脂包括磷脂、糖脂、类固醇及固醇等，除含脂肪酸外，还有一些其他成分。

（2）脂类的功能

①供给能量。1 克脂肪在体内氧化分解可产生 38 千焦的能量，是碳水化合物或蛋白质产能的两倍多。同时，脂肪被吸收后，一部分用于消耗，另一部分则储存于体内，人体饥饿时，首先动用体脂来供给热能。

②构成人体组织结构成分。磷脂、糖脂、胆固醇等是构成细胞膜的重要物质。

③供给必需脂肪酸。亚油酸和亚麻酸是人体必需的脂肪酸，是促进婴幼儿生长发育和合成前列腺素不可缺少的物质。

④维持体温。皮下脂肪还能使体内温度不易外散，有助于维持体温和御寒。

3. 蛋白质

组成蛋白质的元素为碳、氢、氧、氮、硫。蛋白质是人体氮的唯一来源。各种蛋白质的含氮量相当接近，约为 16%。蛋白质的基本组成单位是氨基酸，组成蛋白质的氨基酸约有 20 种，它们以不同的种类、数量和排列顺序构成种类繁多，功能各异的蛋白质。

食物中蛋白质含量有很大差异。畜禽和鱼肉中蛋白质含量为 10%～20%。干豆类蛋白质含量约为 20%，其中大豆含量可达 40%。蛋类含量在 12%～14%。奶粉蛋白质含量约为 20%，鲜奶为 3%。谷类的蛋白质含量虽然只有 7%～10%，因作为主食，进食量大，也是膳食蛋白质的主要来源。

蛋白质的生理功能主要表现为：

（1）蛋白质是构成机体组织、器官的重要成分

在人体的肌肉组织和心、肝、肾等器官，乃至骨骼、牙齿中都含有大量蛋白质，细胞内除水分外，蛋白质约占细胞内物质的 80%。

（2）调节生理功能

酶蛋白能促进食物的消化吸收，免疫蛋白维持机体免疫功能，血红蛋白携带及运送氧气，甲状腺素是氨基酸的衍生物，胰岛素是多肽类物质，它们都是机体重要的调节物质。

（3）维持体液平衡和酸碱平衡

血液中的蛋白质帮助维持体内的液体平衡。若血液蛋白质含量下降，过量的液体到血管外，积聚在细胞间隙，就会造成水肿。血浆蛋白能借助接受或给出氢离子，使血液 pH 值维持在恒定范围。

（4）供给能量

蛋白质在体内降解成氨基酸后，可进一步氧化分解产生能量。

4. 碳水化合物

碳水化合物也叫作糖类化合物。在自然界中最多的有机化合物就是它。人类食物中的碳水化合物的种类有很多，如蔗糖、淀粉和纤维素等。生命体维持生理活动的能量主要就来自碳水化合物。它既是人体所需的主要营养物质之一，也具有一些特殊的生理活性。

谷类和薯类含有丰富的碳水化合物，豆类和某些坚果（如栗子等）碳水化合物含量也很高。碳水化合物是人体获取能量的重要途径，但是需要控制摄入的数量。如果饮食中缺乏碳水化合物，会导致身体机能下降、精力不足、血糖降低，从而出现头晕、心跳加快、大脑受损等症状，严重者甚至可能发生低血糖性昏迷；如果饮食中过量摄入碳水化合物，那么多余的碳水化合物就会转化为脂肪存储在体内，造成肥胖并增加患上各种疾病的危险，例如高血脂、糖尿病等。

在健身的过程中，碳水化合物具有以下作用：

（1）供给能量

每克葡萄糖在体内氧化可产生 16 千焦能量。

（2）构成机体组织的重要物质

主要以糖脂、糖蛋白和蛋白多糖的形式存在。

（3）节约蛋白质的作用

当碳水化合物供给充足时，人体首先利用它作为能量来源，无须动用蛋白质来供给能量。

（4）抗生酮作用

当碳水化合物供应不足时，脂肪酸分解所产生的酮体不能彻底氧化，而在体内聚积发生酸中毒。

5. 维生素

维生素是人体活动必不可少的有机物，人体的健康有赖于维生素的作用。维生素虽然不能直接向机体供给能量，也不直接参与人体组织的构成，但承担着重要的代谢功能，它们大部分不能在体内合成，或合成的量不能满足人体需要，一定要从膳食中获得。维生素分为脂溶性和水溶性两类，虽然两类维生素有着结构上的不同，但其具有以下共性：第一，它们不能由人体合成；第二，对人体生理功能影响重大。各种维生素的来源及功能如表 2–1–1 所示。

表 2–1–1　各种维生素的来源及功能

名称	食物来源	生理功能
维生素 A	动物肝脏、胡萝卜、菠菜等	维持正常视力，防癌，促进骨骼、牙齿正常发育
维生素 D	肝、乳、蛋黄等，皮肤经日光照射合成等	促进肠道钙、磷吸收，促进生长和骨骼钙化
维生素 E	食物油、奶、蛋等	与生殖功能有关，抗氧化作用
维生素 B_1	谷类、杂粮、瘦肉、蛋类等	参与糖代谢，维持神经系统正常功能
维生素 B_2	动物肝、肾脏、青菜等	参与氨基酸、脂肪酸和糖类的代谢，与肾上腺功能有关
维生素 PP	动物肝、奶蛋类、谷类等	与细胞呼吸有关，形成和维持骨胶原
维生素 C	水果、叶菜类、谷类等	促进伤口愈合，参与解毒，增强机体免疫功能，促进造血

6. 无机盐

人体组织中，除碳、氢、氧、氮等主要元素以有机化合物的形式出现以外，其余各种元素统称为无机盐（矿物质）。无机盐与人体的健康水平关系密切。从人体对无机盐的吸收率、需要量以及无机盐在食物中的分布考虑，容易缺乏的无机盐有钙、铁、锌、碘、硒等。

（1）钙

钙的营养价值主要体现在两方面：一是骨骼和牙齿生长发育所必需，如果缺乏钙，会妨碍骨骼的形成；二是维护正常的组织兴奋性，特别是神经肌肉的兴奋性，促进生物酶的活动，如钙减少时会引起痉挛。此外，钙还具有重要的生理调节作用。人体内含钙总量约为 1200 克，男女需要量均为 1000 毫克 / 日。由于钙具有不易吸收和利用率较低的特性，因此，在补充含钙量较多的食物，如虾皮、鸡、鸭蛋、奶和奶制品等的基础上，要注意饮食方法和搭配。

（2）铁

铁是组成血红蛋白的主要成分之一。人体内含铁量为 3～5 克，需要量为 15 毫克 / 日，但女性由于月经失血，所以铁的需要量更大。机体缺铁会使血红蛋白减少，发生营养性贫血，表现为食欲减退、烦躁、乏力、面色苍白、头晕、眼花、免疫功能降低等。大量出汗可增加铁的流失，所以在夏季和长期的剧烈运动中，要注意铁的补充。植物性食物中的铁吸收差，利用率低，因此应以动物性食物作为补充铁的主要来源。含铁较多的食物有动物肝脏、动物全血、肉类、鱼类等。黑木耳、海带和某些蔬菜，如菠菜、韭菜中也含有较多的铁元素。

（3）锌

锌是很多金属酶的组成成分或酶的激活剂，人体内含锌量为 1.4～2.3 克，每日需要量男性为 8～15 毫克，女性为 6～12 毫克。

锌缺乏症状表现为：食欲不振、生长停滞、性发育迟缓、伤口愈合不良等。一般高蛋白食物（鱼、肉、蛋等）含锌都较高，此外，一些海产品（海蛎肉、生蚝等）也是锌的良好来源。

（4）硒

硒是维持人体正常生理活动的重要微量元素，主要作用是抗氧化，以保护细胞膜。有资料介绍，硒具有抗癌、防衰老的作用。建议硒的供给量为每日 50～200 微克，动物的肝、肾，海产品及肉类是硒的良好来源，蘑菇、桂圆、白果、菠萝蜜籽、石花菜、西瓜子、南瓜子、杏以及桑葚中也含有较多的硒。

（5）碘

碘在体内主要被用于合成甲状腺激素，人体从食物中所摄取的碘，主要为甲状腺所利用。人体正常含碘量约20～50毫克，每日需要量男性为130～160微克，女性为110～120微克。人体中含碘量过高或过低都能导致甲状腺肿大。含碘量较高的食物有海带、紫菜、海白菜、海鱼、虾、蟹、贝类等。

7. 膳食纤维

膳食纤维不是一种营养素，是食物中的非营养成分。膳食纤维通常具有下列生理作用：

第一，降低食物在消化道通过的时间，增强消化系统对食物的运输能力，减少有害物质在体内的停留时间。

第二，促进结肠发酵作用，改善消化功能。

第三，降低血总胆固醇和低密度脂蛋白胆固醇水平。

第四，降低餐后血糖或胰岛素水平。

蔬菜、水果、粗加工的谷类和豆类是膳食纤维含量丰富的食物。一般建议，膳食纤维成人每天摄入量在15～20克较为适宜。

（三）足球运动的营养消耗与补充

1. 足球运动与营养消耗

（1）能量

不同的足球运动员每天的能量和热量需求差异很大，这取决于运动员的身材大小、身体结构、性别、训练计划以及总体活动模式。据推算，足球运动的能量消耗为：大强度运动下的0.142千卡/公斤·分钟（或0.596千焦/公斤·分钟）和中等强度运动下的0.064千卡/公斤·分钟（或0.269千焦/公斤·分钟）。

（2）蛋白质

足球运动过程中，运动员体内的蛋白质代谢加速，蛋白质的分解和合成量都增加，导致身体对蛋白质的需求量也增加。这是因为足球运动会促进球员身体内酶功能的提升和激素分泌的活跃度，这时，运动员体内的器官也会变得肥大。但是蛋白质食物有很强的特别动力作用，如果摄入过多的蛋白质，机体的代谢速度就会变快，并且需要更多的水分，因此，足球运动前运动员不适合摄入过量的蛋白质。

（3）糖

糖是运动过程中能量的主要供能源。运动员在运动过程中对糖的利用影响着其耐力的表现，只有具有较好的耐力的运动员才能在运动过程中游刃有余地完成高强度的运动过程。糖的主要成分是碳水化合物，在人体内容易被消化和吸收，且在消耗过程中的耗氧量比较少，代谢所产生的物质主要是水和二氧化碳，在运动过程中不会造成机体的废物排出负担。因此，在运动中的消耗会比较多，如果补充不及时就会造成机体糖的供需不平衡，在没有及时补充而又继续运动的情况下，对碳水化合物的大量需要只能来自体内储备的糖原，从而造成糖原枯竭，而这会对球员的健康成长产生非常严重的不利影响。

（4）水

在进行足球运动时，球员调节体温的主要形式就是大量排汗，这一过程对水的消耗较大。运动过程中足球运动员的出汗量与温度、气压、湿度、运动量等因素相关。

（5）维生素

维生素是人体正常运转的必需物质，在足球运动这样的高强度活动中，维生素的摄入和消耗都会增加。足球运动员应该根据自己的运动量、身体状况和营养水平，合理调整维生素的补充量，以防止维生素缺乏引起的各种健康问题。维生素缺乏不仅会影响运动员的体能和技能，还会降低他们在运动中的应激和损伤的恢复能力。因此，足球运动员应该重视维生素的平衡摄入，保证身体的最佳状态。

（6）矿物质和微量元素

足球运动员在运动时，身体内的矿物质和微量元素会有微妙的变化。比如，在高强度的运动中，尿液中的钾、磷和氯化钠的排泄会减少，而钙的排泄会增加。这些变化可能影响运动员的健康和表现。但是，如果运动员能够逐渐适应这种运动负荷，那么身体内的矿物质平衡就会恢复正常。

2. 足球运动与营养补充

（1）营养补充的原则

营养补充是指通过饮食结构的调整，使饮食中所含有的营养素种类齐全、比例合适、数量充足，从而能满足人体生理和健康需要。从营养学的角度来看，粮谷类食品为人体供应热能，肉食供应蛋白，水果蔬菜可供给维生素、矿物质以及食物纤维。两千年前，《黄帝内经》就已提出“五谷为养，五果为助，五畜为益，五菜为充”的配膳原则，生动概括了健康饮食的原则。在日常生活中，我们强调营养补充，其主要原则如下：

①营养成分的全面性。为了增强体质和提高健康水平，我们应该从营养学的角度来合理安排膳食。我们的饮食应该包含人体所必需的各种营养素，以维持人体正常的生理功能。然而，没有一种食物能够单独提供人体所需的所有营养素，所以我们要在日常生活中搭配各种食物，充分利用自然界的资源来满足人体的营养需求，同时要注意各类营养物质的比例和数量。这就是营养搭配的基本原则，也是我们长期保持营养平衡的重要方法。本书将为大家介绍如何根据个人的情况进行营养搭配，达到膳食营养的合理性。

《中国居民膳食指南》将自然界中各种食物根据其营养特点分为五类。第一类为谷类、薯类、杂豆类，主要提供糖类、蛋白质、B 族维生素；第二类为动物性食品，包括肉、禽、蛋、鱼、奶等，主要提供蛋白质、脂肪、矿物质、维生素 A 和 B 族维生素；第三类为大豆及豆制品，主要提供蛋白质、脂肪、膳食纤维、矿物质和 B 族维生素；第四类为蔬菜、水果，主要提供矿物质、维生素 C、胡萝卜素和膳食纤维；第五类为纯热能食物，包括动植物油脂、各种食用糖和酒类，主要提供热能。这五大类食物均应适量摄取，合理搭配，动物性食物和纯热能食物均不能摄入过多，应保持生热营养素的比例平衡、维生素之间的平衡、可消化的糖类和食物纤维之间的平衡、酸碱性食品的平衡等。

②营养补充的阶段性与特殊性。人的生命历程中，营养需求会随着年龄和生理状况的变化而变化。在成长发育的青春期，我们要保证各种营养素的摄入充足，包括蛋白质、热量、维生素和适量的脂肪，从而让身体得到全面均衡的营养；在进入老年的时候，为了减缓衰老、保持健康，人们要注意保持食物中蛋白质、维生素高含量，脂肪和热量低含量，同时要增加钙质的补充，减少钠盐的摄入，防止骨质疏松、高血压等老年性疾病的发生。

此外，我们还要根据个人的体能消耗情况，调整膳食结构。例如参加竞赛的运动员，由于大量出汗导致蛋白质、矿物质、维生素和水分的损失，因此要在食物和饮料中特别补充；对于进行体育锻炼的人，要考虑他们的年龄、性别、运动项目、运动强度以及运动环境中的季节气温等因素，适当增加某些营养素的摄入，弥补锻炼过程中的额外消耗，为提高锻炼效果提供必要的物质支持。

③营养成分的互补性。为了保证身体健康，我们需要从食物中摄取多种营养

素，如糖类、蛋白质、脂肪、维生素和无机盐等。然而，没有一种食物能够包含所有的营养素，不同的食物有不同的营养特点和生理功能。比如，粮食谷物是糖类的主要来源，肉禽蛋类等是蛋白质和脂肪的主要来源，而蔬菜和水果是维生素和无机盐的主要来源。因此，我们应该选择多样化的食物，使各种食物之间的营养素能够互相补充，满足身体的需求。营养成分之间的互补性就决定了我们在选择食物时不能偏食或单一化。自然界中的各种食物都有其独特的价值，不能相互替代。例如，虽然肉类和鱼类都是蛋白质的主要来源，但鱼类含有更多的不饱和脂肪酸，有利于心血管的健康；虽然绿叶蔬菜富含维生素和矿物质，但白色蔬菜如白萝卜、花椰菜等有抗癌、抗突变的作用。因此，我们应该充分利用自然界提供的各种食物，合理搭配，形成均衡的饮食习惯。我国饮食文化中的“八宝粥”“什锦菜”就是很好的体现。

④膳食制度的合理性。饮食制度在遵循人体生理活动的基本规律的基础上，要适合自身的身体发育、发展和自己的饮食习惯。要合理安排一日的餐次，两餐之间的间隔和每餐的数量、质量，使进餐与日常生活制度和生理状况相适应，并使进餐与消化吸收过程协调一致。膳食制度安排合理，有助于提高劳动和工作效率。

同时，用餐时间应与生活工作制度相配合。合理的膳食安排，科学的烹饪方法，能促进消化，引起食欲。同时要保证清洁卫生，防止食物被污染，减少营养素的损失。目前，有些青年不进早餐或早餐质量很差，中餐质量最好，晚餐质量次之。这种热量、营养的分配比例是不科学合理的，应适当提高早、晚二餐的质量，以保证上午和晚间学习工作时的能量消耗。在紧张的学习、脑力劳动时，要靠血液不断输送葡萄糖并氧化提供能量。三餐有规律地进食，血液中的糖分及其他营养物质才能源源不断的补充，保证人体的生理机能正常运行。经常不吃早餐，上午就可能会出现头晕、心慌、手抖、全身乏力等生理反应，导致学习和工作精力难以集中、心烦意乱等。

科学合理的营养搭配，是保证人体健康的关键因素之一，是从事脑力劳动和体力活动的能量来源。球类项目运动负荷普遍较大，运动程度激烈，能量的消耗是相当多的。因此，注意营养的补充，使饮食合理卫生，对学习、生活和工作是极其重要的。

（2）比赛过程中的营养补充

合理的营养是运动员健康和运动能力的保证，也是影响比赛发挥的一个关键因素。

①赛前的营养调整。第一，供热量适当减少。在此期间运动量一般有所降低，能量消耗也相对减少，所以供热量也应随之调整，以免营养过剩，转为脂肪。第二，赛前短期内不要补充过多蛋白质和脂肪等酸性食物。因为蛋白质和脂肪食物的代谢产物是酸性的，体液偏酸，对比赛不利。应注意多吃碱性食物，如水果、蔬菜和豆类等，增加机体的碱储备，提高运动能力。第三，赛前饮食中应充分含糖，使体内的糖原储备、维生素和无机盐达到饱和状态。实验证明，提高运动前的糖储备，对提高速度、速度耐力十分重要。第四，维生素 A 及维生素 B 族能提高人的工作能力，但是维生素 A 及维生素 B 族在短期内不能发挥作用，因此，应在赛前十天开始增加摄取量。平时维生素 C 不足者，应从赛前一周开始补充维生素 C，每日摄取量为 200～250 毫克。第五，由于运动员赛前紧张，导致胃血流量减少，胃酸分泌增加，有时有恶心欲吐的感觉，食欲会下降。因此，应注意食物种类尽可能多些，搭配烹调尽可能符合口味习惯，提高色香味，使进餐者满意。

②赛中的营养补充。比赛间歇一般不必进食，口渴时可服用少量果汁及富含维生素的饮料。天气寒冷或运动员感到饥饿时，可在饮料中加些葡萄糖。在大量出汗的情况下，运动员的排尿量明显下降，平均尿比重大于正常范围，红细胞比容和血红蛋白水平升高，这时补充含有糖、电解质成分的饮料，有助于平衡电解质，增加血容量，对减轻心脏负担有一定好处。

③赛后的营养补充。在比赛中，运动员消耗的热量与水分较多，赛后应主要增加热量与水的供给量。

糖的补充：运动的供能以糖为主，比赛后血糖浓度减少显著，因此应增加糖的补充量，选择含糖量高的食物。糖的补充也能使疲劳的肌肉得到恢复，糖原得到补充。

维生素的补充：激烈的比赛后，适当地补充维生素，对加速体力恢复、保持较强运动能力是很有必要的，特别是维生素 C 和维生素 B 的补充。

水的补充：水分的补充能补偿出汗造成的失水，保持体内水分的平衡。过多饮水并无好处，反而会增加心、肾的负担，补水时要注意少量多次，还要适当进盐。

（3）足球运动中营养补充的误区

①注重口渴补水，忽略补充体液的科学性。研究实践表明，运动中血容量会因机体脱水而下降，致使心脏负担增加，而体液丢失一旦达到体重的2%～3%，就会降低机体的运动能力。球员在进行足球运动时，由于对合理补水知识的缺乏，错误地认为口渴是脱水的表现。实际上，当球员感到口渴时，其体液缺乏就已经达到体重的2%～3%，此时运动能力已经受到损害。此外，球员在补水时还要注意矿物质、维生素和碳水化合物的补充。

②强调宏量营养素摄入，忽略了微量营养素的供给。球员在进行足球运动的过程中，往往会有这样的错误认识，认为在膳食结构上只要吃高脂肪、高蛋白、高热量的食品就可以增加营养，过分强调宏量营养素的补充。而其中脂肪和蛋白质的摄入量过多会对运动能力产生非常不利的影响。高蛋白质和高脂肪的膳食不仅会造成热能摄入过剩，还会增加机体内脏器官的负担，对机体吸收其他营养素产生影响。同时还会造成球员体质酸化，对机体的恢复能力产生影响。

③注重晚餐的丰盛，忽略早餐的多样性和重要性。一日三餐热能的分配要与球员的运动量一致，早餐是最容易被球员忽视的，有的人甚至根本不吃早餐，出现“早简晚盛”的现象。早餐和晚餐的不合理比例也导致了机体各种营养素的摄入出现失衡或严重不足的现象，机体内各种营养物质得不到及时恢复，会对球员运动时的能量供应产生非常不利的影响。因此无论从营养角度还是从运动角度，球员都要高度重视早餐的多样性。

④注重特殊营养的补充，忽略基础营养摄入。在足球训练中，特殊营养的补充往往会得到大多数球员的过分重视，认为提高身体机能就只要补充特殊营养就可以了，而忽视了膳食营养的基础作用，造成基础膳食营养摄入非常不合理。事实上球员只有在保证良好基础营养的前提下，再根据身体和运动特点，去补充特殊营养，才能使营养的作用发挥到最大。

⑤蛋白质补充过多，忽略碳水化合物摄入。蛋白质作为维持生命活动最重要的营养素，得到了大多数球员的重视，使得许多球员把摄入更多的蛋白质作为促进身体机能恢复的重要标准。大多数球员认为：膳食中摄入的肉越多，越有营养。

相反，主食如米、面等被完全忽略。

五、足球运动训练的心理学基础

（一）运动的动机

1. 动机的含义

动机是推动一个人进行活动的心理动因或内部动力。它能引起并维持人的活动，将该活动导向一定目标，以满足个体的念头、愿望或理想等。

通常来说，动机具有如下几个作用：

第一，始发作用。指动机可引起和发动个体的活动。

第二，强化作用。指动机是维持、增加、制止、减弱某一活动的力量。

第三，指向或选择作用。指动机可引起和发动个体活动的方向。

心理学中从“方向”和“强度”这两个角度来理解问题，“方向”与一个人目标的选择有关，即人为什么要做某件事；“强度”与一个人激活的程度有关，即为了达到某一目标，人正在付出多少努力。

2. 动机的分类

按照不同的标准可将动机进行如下分类：

（1）按兴趣分类

可将动机分为直接动机和间接动机。

直接动机是指以直接兴趣为基础，指向活动过程本身的动机。如有的运动员对于自己所从事的运动本身感兴趣，认为它是对自己身体机能的积极挑战，从中可以最大限度地发挥和体现自己的潜力，体验到一种效能感和满足感，这种训练动机属于直接动机。

间接动机是指以间接兴趣为基础，指向活动结果的动机。如有的运动员对比赛本身不感兴趣，仅认为它是为战胜对手所必须克服的困难，这样的动机就属于间接动机。一个运动员在训练中往往受到以上这两种动机的影响。

（2）按需要的种类和对象分类

可将动机分为生物性动机和社会性动机，生物性动机指以生物性需要为基础的动机。如因饥饿、口渴等而产生的动机。社会性动机指以社会性需要为基础的动机。如成就动机、交往动机等。

（3）按情感体验分类

可将动机分为丰富性动机和缺乏性动机，丰富性动机指以经验享乐，获得满足、理解和发现、寻找新奇、有所成就和创造等欲望为特征的动机。它包括满足和刺激的一般目的，往往趋向于张力的增强。

缺乏性动机指以排除缺乏和破坏、避免威胁、逃避危险等需要为特征的动机。它包括生存和安全的一般目的。缺乏性动机以张力的缩减为目的，一旦目标实现，这种动机就会明显减弱。

（4）按动机的来源分类

可将动机分为内部动机和外部动机。内部动机指以生物性需要为基础，通过积极参加某种活动，应对各种挑战，从中展示自己的能力，实现自己的价值，体验莫大的满足感和效能感的动机。它是汲取内部力量的动机，是从内部对行为的驱动。

外部动机指以社会需要为基础，人通过某种活动获得相应的外部奖励或避免受到惩罚以满足自己的社会性需要的动机。它是汲取外部力量的动机，是从外部对行为的驱动。

3. 引起动机的条件

引起动机的条件主要有两个：一是内部条件，指个体因对某种东西的缺乏而引起的内部紧张状态和不适感。它能产生愿望和推动行为的力量，引起人的活动。二是外部条件，指个体之外的各种刺激，包括各种生物性和社会性的因素。它是产生动机的外部原因，对人有着重要的影响作用。

4. 动机的培养与激发

（1）满足运动员的各种需要

满足运动员的需要，是激发其动机的关键所在。根据马斯洛的需要层次理论，可将人的需要归为以下三类：

①追求刺激和乐趣的需要。足球是一项具有鲜明的挑战性和趣味性，并使身心集于一体的运动，它兼具乐趣性和艰苦性，如果教学安排与训练安排枯燥无味，过多剥夺学生的自由或者对学生提出过高的要求，那么学生就会失去学习与训练的乐趣，导致其运动动机的下降。因此，在教学与训练中，教师要注意以下几点：

一是要使学生的能力符合练习的难度；二是使训练方法和手段多样化；三是让所有人都积极参与；四是允许学生在教学与训练中有更多的自主权；五是在练习中要根据学生的特点分派任务，使其有机会在完成任务的过程中享受乐趣。

②获得集体归属感的需要。任何人都有归属的需要，即从属于一个集体的需要。甚至有些人参加体育运动就是希望能成为运动集体中的一员，他们需要归属于一个能为自己增添色彩的集体。归属于他人、为他人所接受就是他们的主要动机，他们的主要目标就是满足这种需要，而不是去赢得荣誉。

因此，体育教师可以利用集体成员的资格作为一种颇具诱惑力的奖励，以激励这类运动员为优异成绩去努力拼搏，也可以用集体的行为规范、集体的目标、集体的荣誉感来激发他们的成就动机。

③展示自我的需要。体育运动中最普遍最强烈的需要是感到自己有价值（能力与成功）的需要。这种需要的特点是由运动员归因的特点决定的，可以分为两类：一是成功定向的运动员，二是失败定向的运动员。无论对于哪一类运动员，自我价值感都是他们最为珍惜和悉心保护的精神财产。展示自己的才能并使他人承认自己的价值，或者不必得到他人的尊重而只需自认为有价值、有能力，都可以满足这种需要。

对于失败定向的学生，体育教师应帮助其重新确定目标，并尽可能地通过采取一些积极有效的措施和手段来满足他们自我价值的需要，这样才能有效地激发和培养他们的内部动机。

（2）强化手段培养动机

强化是指出现可接受的行为时，或者给予奖励，或者撤除消极刺激的过程。正确利用好强化，不仅可以激发外部动机，也有利于内部动机的培养。如果运用不当，强化则可能既破坏内部动机，又破坏外部动机。一般情况下，强化的方法要优于惩罚的方法，因为它比惩罚更能鼓励正确的行为，当然适当的惩罚在某些时候也是必要的。运用强化手段培养动机时，要注意以下几点：

第一，明确规定应获奖励的行为、奖励的条件以及奖励的标准。奖励不能过量，不能让学生感到教师正在企图控制他们的行为。

第二，最好对达到标准的良好表现进行没有规律的强化。

第三，鼓励学生间的相互强化。

第四，应使学生懂得，奖励不是最终目的，它只是能力、努力和自我价值的标志，这有利于加强内部动机。

（3）区别对待，因时因地，因人而异

体育教师可以因时因地，因人而异地选择不同的方法来影响学生学习的动机。有三种直接的方法可用：依从方法、认同方法和内化方法。

①依从方法。依从方法是指利用外部奖励和惩罚的作用来激发运动动机。该方法是激发动机的有效手段，特别是对那些没有建立起良好的行为习惯，并且自我观念淡薄的学生来说，更是如此。

②认同方法。认同方法是指利用教练员与运动员之间的关系来激发运动动机。它是依从法的隐蔽形式。要想成功地利用认同法来激发运动动机，体育教师就必须与学生保持良好关系，使学生觉得自己应该照教师的要求去做。需要注意的是，过分依赖惩罚和消极强化的教师容易同学生产生隔阂，导致学生服从教师只是因为怕受罚。

③内化方法。内化方法是指通过启发信念和价值观来激发内部动机。

运用以上三种方法激发动机时，应注意以下几点：

第一，随着年龄的增长和心理的成熟，内化方法会起作用，也最适宜。

第二，在技能发展的初级阶段，依从方法是最为有效的。

第三，由于学生归因的控制点不同，因此激发其运动动机的直接方法也不同。

第四，对于不习惯于依从方法，不适应、不接受内化方法的学生，激发其动机的方法要取决于目标。

（4）变换训练方法以引起动机

改变教学与训练的环境是培养与激发运动动机的间接方法。这个环境包括物质环境和心理环境。改变物质环境包括改变练习场地、练习设备条件等，改变心理环境包括取消对学生的消极评语、改变学生的分组、改变传统的练习方法等。体育教师应当精心安排每一次训练和比赛，使之具有趣味性和启发性，以满足学生接受刺激、追求乐趣的需要，进而培养和激发内部动机。

（5）自我引发动机

大量的实践表明，给人以控制自己生活的权力，可以加强动机、提高成就、促进责任感和自我价值感的发展。这一点对于培养和激发运动动机尤为重要。

一般来说，在体育运动教学中，教师对于训练和比赛所做的安排往往是比较适合运动员发展的。但最了解自己状况的，莫过于学生自己。学生如果学会了如何自己设置训练计划，他们可能会设计出更好的适合自己发展的计划。

因此，体育教师应根据学生的能力和水平，在有组织的范围内下放权力，培养他们的责任心、自觉性以及在有限的条件下作出正确决策的能力。这样做不仅能培养和激发内部动机，而且会使学生在将来的生活和工作中受益。

在教师下放自主权，使学生进行自我引发动机的过程中要注意以下几点：

第一，要根据学生的能力和水平，有选择地下放自主权。

第二，体育教师应具有移情心。移情心是指一种会站在学生的角度来观察和思考问题的能力。

第三，放权后应耐心帮助学生进行决策，不要急于求成，过分指导。

（二）运动的应激、唤醒及焦虑

1. 应激

（1）含义

应激是指个体对应激源或刺激所作出的反应。应激源是指那些唤起机体适应反应的环境事件与情境。应激反应是一种包含应激源、个体对应激源的评价及个体的典型反应等因素相互作用的过程。

（2）应激的原因

生活中的重大事件，如高考、找工作、谈恋爱等，都可能对我们的应对能力形成挑战，使我们感到难以应对，从而形成应激，带来身体和心理上的不适。这些生活事件打破了我们日常的宁静和平衡，需要我们去适应新的环境，因此具有明显的应激性质，应激大都来源于此。

（3）应激的控制

对参与足球运动的学生来说，选择适当的运动负荷和持续时间对保持身心平衡是至关重要的。研究表明，当人处于高应激时，应避免参加竞技性强的运动，因为该类运动会增加更多的应激源，容易导致身体受伤。对应激的控制应注意以下两点：

第一，选择适度的足球运动与积极应激。应激引起机体的本能反应是“搏斗或逃跑”，这时体内动员能量的交感——肾上腺髓质系统兴奋，血液中儿茶酚胺水平升高，如果进行搏斗或逃跑，则所动员的能量得以释放。在现代社会中的应激反应中，很少有可能进行这种类型的能量释放，这种能量被动员而无法释放的状况会扰乱身心平衡的状态，从而损害机体。因此，释放能量就成为对抗应激的一种手段。参加足球运动，既可以锻炼学生的肌肉，提高心肺能力，促使内啡肽释放，又可以降低焦虑，改善心境，从而保持身心平衡。

第二，避免过度的足球运动与心理耗竭。心理耗竭是由于情绪和精神压力而形成的一种心理现象。在足球比赛当中，如果长期运动强度过大，运动不仅会损害身体，而且会给心理健康带来负效应。这种负效应主要表现在心理耗竭上。心理耗竭的生理症状主要有安静时心率增加、长期肌肉疲劳、失眠、体重减轻、感冒和呼吸道疾病增加等。

2. 唤醒与焦虑

（1）唤醒

唤醒指有机体总的生理性激活的不同状态或不同程度。唤醒有三种表现：脑电唤醒（刺激使脑电出现去同步化的低压快波）、行为唤醒（非麻醉动物唤醒时伴随的行为变化）和植物性唤醒（较高水平刺激时的植物性神经系统的活动）。这三者可以同时存在，也可以单独存在。唤醒对维持和改变大脑皮层的兴奋性、保持觉醒状态有重要的作用，它能为注意的保持与集中以及意识状态提供能量。

（2）焦虑

焦虑是指由于不能克服障碍或不能达到目标，而感到身体和心理的平衡状态受到威胁时，形成的一种紧张、担忧并带有恐惧的情绪状态。焦虑状态含三种主要成分，分别为生理唤醒、情绪体验以及威胁、不确定性和担忧的认知表征。焦虑有不同的种类，按照不同的划分方法可以分为以下几种：

①状态焦虑。状态焦虑是一种短暂的情绪状态，是由紧张和忧虑所造成的一些可意识到的主观感受，也是高度自主的神经系统的活动。如第一次参加重大足球比赛的运动员，踏入球场时所体验到的紧张、不安，就属于比赛前的状态焦虑。

②特质焦虑。特质焦虑是一种人格特质，即在各种情境中产生焦虑反应的情绪倾向和行为倾向。也就是说，一个人无论在何种情境中都预先具有一种以特殊

的焦虑反应方式和焦虑反应程度来对待事物的倾向，从而显示出多种情境中焦虑反应的一致性。

③躯体焦虑。躯体焦虑直接由自发的唤醒而引起，通过心跳加快、呼吸急促、手心出汗、肠胃痉挛以及肌肉紧张等表现出来。

④认知焦虑。认知焦虑是焦虑的认知性特征，是由对内外刺激的评价而引起，是含有担忧和干扰性视觉表象成分的一种不愉快的感受。躯体焦虑和认知焦虑在概念上是独立的，但在应激情境中有可能发生改变。

（三）活动过程

1. 运动的感知过程

（1）运动与感觉系统

①动觉。动觉也被称为运动觉或本体感觉，它负责将身体运动的信息传入大脑，使个体对身体各部位的位置和运动有所知觉。动觉主要由 4 部分组成：肌觉、腱觉、关节觉和平衡觉。当身体参与活动时，肌肉与肌腱的扩张与收缩，以及关节之间的压迫，产生刺激并引起神经冲动，传入中枢神经系统而引起动觉。动觉是发展高水平运动技能的关键。

②视觉。视觉是通过眼睛传入视神经和视觉中枢对波长为 380～740 纳米之间的电磁辐射产生的感觉。视觉对绝大多数运动项目来说都是至关重要的，例如，在足球运动中，球、对方队员、同伴队员始终都在不停地运动，要准确地观察这些空间、方位和距离上迅速变化的各种关系，才能建立正确的行动定向。

③听觉。听觉是通过耳朵听传入神经和听觉中枢对频率为 20～20000 赫兹的声音刺激产生的感觉。听觉刺激可以通过中枢神经系统的兴奋扩散效应，诱发动觉中枢的兴奋性，从而产生节奏感，即听觉和动觉的联合知觉。

④触压觉。触压觉是由非均匀分布的压力作用在皮肤上引起的感觉，分为触觉和压觉两种。触觉是指因外界刺激接触皮肤表面，使皮肤轻微变形，从而引起的感觉。压觉是指使皮肤明显变形，从而引起的感觉。在足球运动中，对触压觉也有较高的要求，触觉的敏感性体现在足球运动员的脚背和脚内侧上。

（2）运动与知觉系统

①空间知觉。空间知觉是对物体空间特性的反映，包括形状知觉、大小知觉、深度知觉、立体知觉、空间定向等。在足球运动中，传接球、抢断、射门等动作

的完成，都需要运动员首先判断出球、对方队员、同伴队员、自己的空间特征情况和彼此间的关系等。空间知觉包括两种：方向知觉和距离知觉。

②时间知觉。时间知觉是对时间长短、快慢、节奏和先后次序关系的反映，它揭示出客观事物运动和变化的延续性和顺序性。自然界有规律的周期性变化和人体内部的生理变化是人们产生时间知觉的依据。

时间知觉同时机掌握和情绪态度有着非常重要的关系。如足球运动中，前锋队员射门时除了要具有良好的技术外，还要注意对射门时机的把握。当比赛快要结束时，处于比分领先或者落后的一方运动员，对时间的知觉是不同的。前者倾向于时间过得慢，后者感到时间过得比平时快得多。

③运动知觉。运动知觉是对外界物体运动和机体自身运动的反映。通过视觉、动觉、平衡觉等多种感觉协同活动来实现。运动知觉包括对自身运动的知觉和对外界物体运动的知觉。

一是对自身运动的知觉，主要是通过运动分析器获得的，运动分析器的感受器分布在肌腱和韧带中的感觉神经末梢。当机体活动时，这些感受器就受到某种程度的牵拉，产生神经冲动，从而对自身机体活动有所知觉。

根据动作的形态、幅度以及时空等特征，可将自身运动的知觉分为 4 类：运动形态知觉、运动幅度知觉、自身运动的时间知觉、身体空间位置和方向知觉。

根据动觉分析器以及其他分析器提供的信息，可将对自身运动的知觉分为 8 类：主动运动时的用力知觉、运动器官发生改变时的知觉、分辨运动器官活动开始与终结时的方位知觉、运动器官提升到一定高度时的用力知觉、身体运动的速度知觉、身体表面接触外界物体时的各种触觉、躯体或运动器官位置变化时的各种平衡知觉和来自心脏的各种知觉。

这两种分类系统可以作为测量自身运动知觉的参考体系，体育教师可以根据项目的特征，在以上分类中选择适宜的方案，对学生进行专项运动知觉的测量，以促进运动技术水平的提高。

二是对外界物体运动的知觉，对外界物体运动的知觉是指完成知觉外界物体的运动，是依靠视觉为主的一些外部感受器来进行的，它受到以下 4 个方面的制约：一是运动物体的形状大小与速度知觉成反比；二是运动物体的形状大小与运动速度知觉的下阈限及上阈限成正比；三是运动场地的变化会影响速度知觉的发挥；四是在一定范围内，光线亮度与速度知觉成正比。

④专门化知觉。专门化知觉是运动员在长期实践过程中形成的一种综合性知觉，它能对运动员自身运动和环境因素作出精确分析和判断，是对运动员心理要求的一个重要方面。其特点主要包括：第一，具有综合性，依赖多种分析器的同时活动；第二，具有专项性，不同的分析器，依据不同特点在不同的专门化知觉中起不同的作用；第三，专门化知觉中，动觉是其主要因素。如球类项目的球感就以高度发展的动觉为基础。

对专门化知觉的测量要因运动项目而异，需要注意的是在测量专门化知觉时，往往采取多种方法进行测量，这比单一的测量方法更加全面而有效，另外，还要注意运动员知觉特征的个体差异性。

2. 运动的记忆过程

人们日常生活中的一举一动，都与运动记忆有关。运动记忆与人体的肌肉活动密切相关，与形象记忆、情绪记忆等有明显的区别。

（1）短时运动记忆与长时运动记忆

短时运动记忆是指在对一个运动项目的练习停止后，其遗忘的速率会随着时间的变化而变化，遗忘的进程先快后慢，但其记忆的内容不会全部忘记。而长时运动记忆是指学习一项运动技能后，一旦熟练掌握，就能记忆相当长的一段时间。这两种记忆过程是在日常生活中常常发生的。

（2）运动表象

①内部表象。内部表象是指以内部知觉为基础，以内心体验的方式感受自己的运动操作活动，表象自己正在做各种动作。其实质是动觉表象或者肌肉运动表象。

②外部表象。外部表象是指表象时可从旁观者的角度看到其表象的内容，其实质是视觉表象，感受不到身体内部的变化。内部表象时的肌肉活动要高于外部表象时的肌肉活动。

（3）运动记忆中的信息加工

认知心理学认为，在短时记忆的短暂时间中，个体对产生于本身的刺激，通过知觉组织加以处理，将零散的个别信息组合成一个包括多个单元的、便于记忆的整体，这就是运动记忆中的信息加工。对于任何人来说，在短时间单纯依靠记忆是很难准确记住太多内容的，这就需要在大脑中进行某种组合加工，以“组块”的形式储入短时记忆。

3. 运动的思维过程

根据思维的抽象性对思维进行分类，可将思维分为直观行动思维、具体形象思维和抽象逻辑思维。人类最初发展的思维形式都是直观行动思维。一般来说，直观行动思维在个体发展中向两个方向转化：一是在思维中的成分逐渐减少，具体形象思维增多；二是高水平的操作思维发展迅速。操作思维是反映肌肉动作和操作对象之间相互关系及其规律的一种思维活动，运动员掌握运动技能和表现运动技能，都需要发达的操作思维作为认识基础。这时的操作思维就不是低级的直观形象思维了。

（四）运动员的个性心理特征

1. 智力

智力是指在推理、判断、问题解决、决策等高级认知过程中表现出来的能力。智力的同义词是一般能力，它是表现在特定情景中的所有特殊能力的基础。而特殊能力则是指在特定情景中完成特殊任务所必需的能力。

根据相关调查研究显示，运动员的智力水平具有如下特点与趋势：

第一，高水平运动员具备中等或以上水平的智商。

第二，体育专业学生的智力同一般文理科学生相比并无明显的差异。

第三，运动技能类型不同，智力对其影响不同。

第四，运动技能的学习阶段不同，智力对掌握运动技能的影响也不同。

由此可见，具有中等程度的智力发展水平已经具备了成为高水平运动员的一个必要条件，但一名高水平的运动员并不一定就必须要有高水平的智力。

2. 情感

情感是指客观事物是否符合自己的需要而产生的体验。人是一种充满情感的高级动物，而情感会受到诸多因素的影响而发生各种各样的变化。当客观事物能满足自己的需要时，便产生愉快、高兴等正面的情感，而当客观事物不能满足自己的需要时，便产生痛苦、忧愁等负面的情感。

人们在参加体育运动时会产生各种各样的情感体验，同时对人的心理也产生巨大的影响。在运动场上，成功与失败、进取与挫折共存，欢乐与痛苦、忧伤与憧憬相互交织，各种各样的复杂的情感相互感染、融合在一起。这种情感可以适时转移个体不愉快的意识、情绪和行为，不仅有利于人的情感的成熟，还有利于人的情感自我调节能力的提高。

在运动比赛中，成功与失败是经常转换的，而人的情绪也会随之变化，时而狂喜、时而沮丧，在喜怒忧乐间不断转换。比赛时，正面的情感会使运动员信心倍增，负面情感则常使运动员消极乏力。强烈而短暂的激情有时会成为运动员克服困难、克敌制胜的巨大力量；而有时则会引起运动员的肌肉痉挛、腹部疼痛等，从而影响比赛成绩。因此，每个运动员都应充分了解运动竞赛中情感的特点，学会掌控自己的情绪，把情感作为推动比赛和提高运动能力的催化剂。

体育运动对人体情感和情绪的影响也不是固定不变的，对情绪的作用，一种是短期效应，一种是长期效应。研究发现，慢跑可以很好地改善人的紧张、困惑、焦虑等不良情绪；有规律的中等强度的体育活动则有助于增强人的情感控制能力。另外，经常参加体育运动，还可以促进人际间的沟通，增进人与人之间的和谐关系，在心理上产生一种归属感和安全感，很好地适应社会环境。

3. 意志品质

意志是指人为了实现某种确定的目的，而支配自己的行为，并在运动时自觉克服困难、实现既定目标的心理过程。意志是在认识的基础上，在情感的激励下产生的，在某种程度上，它是提高运动成绩的巨大精神力量，对比赛结果具有重要的影响。意志品质体现了一个人的果断性、坚韧性、自制力以及勇敢顽强和主动独立等精神，意志品质既是在克服困难的过程中表现出来的，又是在克服困难的过程中培养起来的。

在参加体育运动过程中，长时间的活动不但消耗巨大的生理能量，而且由于紧张而迅速的思维、强烈的情感体验等，还会消耗大量的心理能量。因此，就要特别注意意志品质的培养和提高。意志品质的培养，需要两个必要的条件：一是明确的目的，二是克服困难。在具有明确目的的体育运动中，运动员经常需要不断克服客观困难（如气候条件的变化，意外障碍等）和主观困难（如胆怯心理，疲劳或运动损伤等），这就需要足够的意志力量加以克服。因此，运动员应充分发挥自己的主观能动作用，培养坚定的意志品质，面对困难能勇敢克服，这样才能很好地学习掌握运动技能，进而提高运动成绩。

第二节　足球运动训练的理念

一个足球运动队或运动员运动水平的提高是建立在科学的运动训练基础之上的，即如果没有一个良好的训练水平是难以获得理想的运动成绩的。而要在平时的运动训练中提高训练水平，首先建立一个科学、有效、切合自身训练实际的训练理念是至关重要的，它是足球运动训练的指导性纲领文件，起着重要的导向作用。

一、足球训练理念

在足球竞技运动水平高度发展的今天，要想提高运动训练水平，保持一个较高的足球竞技水准，就要确立先进的足球训练理念。以先进的足球训练理念指导运动员进行训练，才能提高运动成绩。在足球训练理念方面，我国与世界足球强国相比，不论是在技战术风格、训练方法，还是运动员选拔机制、足球发展模式等方面都或多或少存在一定的差距。“在当前的足球训练当中，通过对影响我国足球发展因素进行分析后，然后再通过科学的调控来进行培养足球人才。以往传统的足球训练当中一般都是重视训练的严密性和条理性，在训练内容上大多数教师都主要偏重于足球技术规范和运动负荷等方面的内容，这样的训练形式不仅忽视了足球训练气氛的融洽性，也忽视了学生学习足球的兴趣性，难以让学生正确认知足球的真正理念。”[①] 应结合中国足球的特色，适当借鉴足球强国先进的训练理念与手段，从而促进我国足球运动的快速发展。

（一）技战术风格

对于世界足球强国而言，不论是成年队还是青少年足球队，他们自上而下都有一整套科学、完善的训练体系，有统一的训练理念和技战术风格。尽管各个国家的技战术风格都存在一定的差异，但是他们之间也相互影响、相互促进。以德国为例，德国足球历来就比较重视足球训练的科学化，不论是成年队还是青年队，都有着严格的战术纪律，因此德国足球队也被称为“日耳曼战车”。德国足球队

① 张雄．新时期足球训练的理念与人才培养策略研究 [J]．当代体育科技，2018，8（11）：39-40.

一直处于世界足球强国的地位与他们坚持的足球训练理念和技战术风格是密切相关的。德国足球曾经也有一段低迷期，为了改变这种低迷的现状，德国足协在结合自身发展特点的基础上，借鉴其他国家先进的足球发展理念，最终确定了适合自己的发展模式，统一了足球风格。在这样的改革下，通过不懈的努力，德国足球获得了迅速发展，这些年一直跻身于世界足球强国行列。

（二）足球训练大纲

欧洲的足球强国，如德国、西班牙、英格兰等，他们对各年龄段的足球训练都非常重视，不仅明确了统一的足球训练理念和指导思想，同时也根据本国的足球实际制定了科学的足球训练大纲。在足球训练大纲的指导下，这些足球强国的运动员在16岁前主要进行身体、心理和足球技战术各方面的训练，在熟悉和掌握了扎实的技战术之后，便开始参与集体战术与身体训练水平的提高之中。由于在青年时期打下了良好的身体基础、技战术训练基础，因此在进入成年队后，运动员能迅速适应成年队的训练水平，能较为顺利地完成各种技术动作与要求，也能较为迅速地领悟足球教练员的训练意图，因此他们能够较快地适应更高级别的联赛，并迅速提高自己的技战术水平，取得优异的比赛成绩成为世界级球星。

（三）足球训练方法的比较

德国、西班牙、英格兰等国的青少年足球队从12岁开始就以对抗训练为主，在平时的训练中，身体对抗、技战术对抗的情况占据训练的绝大部分，为今后进入成年队后参加运动训练和比赛奠定了良好的基础。纵观世界足球运动的发展，这种以身体对抗和技术对抗为主的训练在足球强队中运用得尤为广泛，这种训练方法不仅能有效激发运动员的训练状态，对运动员形成较大的刺激，而且还能帮助运动员建立和形成顽强的训练与比赛心理，形成顽强的技战术对抗风格，因此也更有利于取得优异的比赛成绩。

（四）身体训练方面

在欧美足球强国，青少年足球在身体训练方面大都是选择长跑、越野跑、变速跑等训练方式。随着身体训练水平的提高，他们开始结合足球实战进行。在实战中既能提高身体训练水平，也能提高技战术水平，可谓做到了身体训练与足球实战的有机结合。在足球运动中，运动员只有在充分的体能保证下才能灵活运用技术完成比赛对抗。由此可见，运动员身体训练的重要性。而将身体训练与实战训练相结合，则更能激发运动员的潜能，在保证运动员身体状态的同时，也能为适应比赛的强度阶段奠定良好的基础。

（五）理论指导实践进行科学训练

总体而言，大多数欧美足球强国都非常重视足球的专业理论知识，强调用足球理论指导训练实践，理论与实践高度结合，这样能有效提高运动训练和比赛水平。因此，从青少年开始，欧美强国就开始重视青少年足球运动员战术意识的培养以及独立解决难题的能力。除此之外，欧美等足球强国还注重足球科研，利用先进的科学手段监控运动员的整个训练过程，从而为主教练提供科学的训练依据。总之，随着现代足球运动水平的高度发展，比赛对运动员技战术、身体素质的要求也越来越高，训练要求也越来越精细，因此科学训练就显得尤为重要。

（六）联赛与选拔机制

对于西班牙、德国等世界足球强国而言，通过多年的发展，他们都建立和形成了一个较为成熟和完善的联赛与选拔机制，各个级别的运动队，上至国家队、俱乐部，下至俱乐部预备队、青少年足球队等，每年都会举办大量的足球赛事，这对于他们足球运动水平的提高具有重要作用。总体来看，这些足球强国为了提高本国的足球运动水平，在紧抓训练的同时，都严格规定了全年比赛的场次，如果没有达到一定的比赛场次就要受到一定的处罚。通过各级联赛与选拔制度的执行，欧美足球强国不仅提高了运动员技战术和实战能力，也充分挖掘出了大量的足球后备人才，这对于足球运动水平的维持及长远发展具有深远的影响和意义。

（七）足球发展模式

“金字塔”形足球发展模式（图 2–2–1）是足球人才培养的科学模式，在欧美等足球发达国家，这种模式被普遍采用。这种模式属于一种足球整体发展模式，有利于各个阶段足球的发展。另外，这一模式非常重视青少年足球的发展，可以充分挖掘大量的足球后备人才，有利于足球的长远发展。除此之外，欧美等足球强国制定了一个非常完善的青少年足球发展规划，根据这一规划加强青少年足球人才的选拔与培养，能促进本国足球运动的可持续发展。总之，一直以来欧美等足球强国都严格遵循“金字塔”形的足球发展模式，不断推动着本国足球运动的进一步发展。

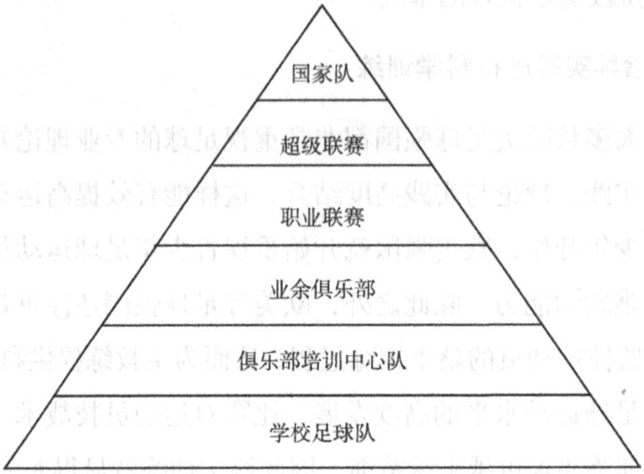

图 2-2-1 “金字塔”形足球发展模式

二、现代足球战略性训练理念

战略性训练理念是现代足球运动中科学的训练理念，将这种训练理念充分贯彻于足球训练之中，能有效提高运动员的训练水平，进而提高其比赛成绩。

（一）现代足球战略性训练理念的内涵及实际问题

在现代足球运动员培养的过程中，要提高运动员的运动水平，就要将运动员的个人技战术水平、场上应变能力和比赛成绩充分结合起来，充分挖掘足球运动员的潜力，培养一大批高质量的足球后备人才。

（二）现代足球战略性训练理念的实施与实践特征

1. 现代足球战略性训练理念的实施

中国足协在《2003—2012 年中国足球十年发展规划》中强调：“足球活动更加普及。全国中小学校普遍开展足球活动，运动员力争达到 5000 人，系统参加足球训练的青少年达到 100 万人。建立青少年足球训练营体制。从 2012 年开始，在全国逐步建立分级、分区、层层选拔的青少年训练营体制。”

2016年，中国足协下发了《关于印发中国足球中长期发展规划（2016—2050年）的通知》，明确提出2016—2050年中国足球中长期发展规划，对中国足球未来发展的近期目标、中期目标和远期目标都做了进一步的明确，各个阶段都制定了切合实际的目标，这对于中国足球的未来发展是一件有利的事情。

综上所述，为了促进中国足球运动的发展，培养青少年的足球意识，应主张从小抓起，注重运动员的个体发展，明确足球发展的近期目标、中期目标和远期目标，为中国足球培养大量优秀的后备人才。

2. 现代足球战略性训练理念的实践特征

（1）注重各个梯队的建设

足球运动员的培养是一个长期的过程，在这一过程中，要采取合理的培养模式对运动员进行培养。建立一个足球战略性部署是非常有必要的，这要求国家和足球俱乐部不能只注重眼前的比赛成绩而应关注运动员的长期训练，给予运动员必要的训练支持与帮助并重视足球队伍的长期建设。

（2）重局部，广普及

总体来看，我国足球运动发展的重点主要集中在几个比较大的城市，在全国范围内实施青少年足球的发展规划还显得比较吃力，这就导致我国足球运动的发展缺乏广泛的群体基础。此外，部分学校，由于足球教师的综合素质有限，不能很好地培养足球后备人才，导致大量的足球人才被埋没。现代足球理念强调足球运动员的培养是一个长期性的过程，不能急功近利，要循序渐进。近年来，我国在培养青少年足球运动员方面也做了很多工作，校园足球四级联赛的开展、大学生足球联赛的开展等都说明我国青少年足球正进入一个崭新的发展阶段，并将持续地、健康地朝着多元化方向发展。

（3）建立健全的比赛体系

在现代足球运动发展规划中，应增加一些青少年运动员参加比赛的机会，健全和完善足球赛会制度，建立一个科学的比赛体系，为足球运动员的长期发展创造更多的机会，不断促进其自身能力的提高。

（三）现代足球战略观念和训练理念的结合

足球战略性发展理念与训练理念的结合能有效提高运动员的训练水平，有利于创造理想的比赛成绩。一方面，战略观念主导着战略决策，而战略决策则决定着足球战略的结果。因此，在足球运动发展过程中，建立一个科学的战略观念和训练理念是至关重要的，这直接决定着我国足球运动的发展模式和发展方向。因此，在现代足球运动快速发展的今天，必须要革新旧有的足球训练理念，不断提高运动员的体能、技战术水平和运动智能等，进而促进运动员的全面发展。

另一方面，足球训练理念是足球运动训练活动进行的前提和基础。大量的运动实践表明，足球运动员运动水平的提高与训练理念具有直接关系。因此，要想促进足球运动训练水平的提高，就必须构建一个科学、先进的足球训练理念，只有如此，才能挖掘与培养出大量的高素质足球后备人才。

三、现代足球操作性训练理念

（一）现代足球操作性训练理念

现代足球操作性训练理念是指在足球训练过程中，对运动员的身心发展、足球发展的规律及运动员学习认识的客观规律、比赛能力的提高所持有的有效性、针对性、持续性、实战性的看法与判断。

目前，现代足球操作性训练理念在足球训练中得到了一定程度的应用，对提高运动员的训练水平具有非常大的帮助。在整个训练过程中，这一训练理念与方法的运用，能增加训练的趣味性，充分挖掘和发展运动员的潜能，提高运动员的综合能力与水平。现代足球操作性训练理念的特征分析与大多数竞技体育运动项目一样，足球运动的操作性较强，在足球运动训练中，以足球训练理论指导实践，将理论与实践结合起来是足球运动员训练水平提高的基础，教练员应帮助运动员建立这样的观念和意识，使整个足球训练活动具有科学性和可操作性。

1. 足球训练组织的理念特点

在现代足球训练中，运动员只有充分了解训练的目的与内容，才能保证训练活动的有效性。同时，这也是足球训练活动顺利进行的基础条件。

（1）训练内容

在整个足球训练中，训练内容是非常重要的组成部分，因此合理选择与安排训练内容将对足球训练效果产生极为重要的影响。只有结合运动员的特点合理选择训练内容，才能帮助运动员提高自身的竞技水平。在平时的足球训练中，教练员一定要重视足球训练内容的选择与安排。

因此，在平时的训练中，教练员要转变旧有的训练观念与意识，在把握基本的足球技术、战术训练的基础上，注重足球运动员个体的发展，将运动员的个人突破、传切配合渗透到足球训练中，逐步提高运动员的个人能力，使个体与整体得到同步发展。这也是足球运动队训练水平提高的关键所在。

综上所述，在足球运动训练中，训练内容的安排要因人而异，要有一定的针对性和可行性，要将运动员的个人训练与全队训练结合起来进行。

（2）训练负荷

足球运动员训练水平的提高不是一件容易的事情，需要坚持长期、不间断的训练才能获得一定的提高。在整个训练过程中，训练负荷也不是一成不变的，要根据运动员的具体实际作出及时调整。总体上看，训练负荷中运动量与运动强度的安排要得当，否则就难以获得理想的训练效果。

大量的运动实践证明，足球运动员水平的高低与训练负荷的安排是分不开的，一个科学合理的训练计划，恰当训练负荷安排能帮助运动员获得理想的训练效果和比赛成绩。

运动员要想充分发挥出自己的运动水平，在激烈的竞争中获得好的成绩，就必须合理安排训练负荷，按照事先制订的训练计划按部就班地进行训练。因此，在平时的足球训练中，教练员要重视科学合理的训练计划的制订，按部就班地进行训练，以取得理想的训练效果。

2. 足球训练指导的理念特点

（1）结合实战

教练员应制订一个科学的训练计划，在训练的过程中合理安排训练内容与训练负荷，指导运动员积极主动地投入到运动训练之中。

另外，在足球运动训练的过程中，教练员还要不断变化训练的手段与方法，提高训练的趣味性，鼓励运动员在训练中即兴发挥，充分挖掘运动员的潜力，提高训练水平。

（2）注重细节

在足球训练中，教练员还应针对运动员出现的各种错误认真分析和指导，从而制定更加符合运动员训练的技战术内容。例如，在平时的运球训练过程中，有一部分运动员习惯于低头看球练习，造成这种现象的原因是，教练员没有及时观察，也没有严格的要求，导致运动员的训练水平不高。因此，在今后的足球训练中，教练员要仔细观察运动员的每一个动作细节，指导运动员科学合理地参加训练。

（3）重视球员

在足球训练中，运动员是最为关键的要素。运动员只有在训练过程中自我体验，才能提高自己的运动技能水平。但是个别教练员都采用灌输式教学的方式，致使运动员逐渐失去了自我表现和体验的机会，这对于运动水平的提高和运动成绩的取得是非常不利的。

在整个足球训练中，运动员之间都存在着一定的差异，个性特征、运动水平都是不同的，如果不进行积极思考，而只是一味地听从教练员的指导与安排，就无法发现自己的缺点，也无法充分发挥自己的优点，不利于自身的长远发展。

3. 球员自信与兴趣激励的理念特点

以青少年足球训练为例，在整个足球训练中，只有让青少年运动员保持足够的兴趣，才能有效地提高训练水平，进而提高运动成绩，因此在足球训练中，激发运动员的自信心和兴趣是非常重要的。

自信心在足球运动员训练中具有非常重要的作用。充满自信的运动员在压力面前能够保持冷静，保持高度的注意力；充满自信的运动员能够抓住进攻的机会，控制整个比赛的节奏，使比赛向着有利于本方的形势发展；充满自信的运动员能在自己的进步中获得积极的心理体验，为下一次比赛积累经验和教训。

在平时的足球运动训练中，教练员要积极鼓励运动员建立训练与比赛时的自信心，同时要鼓励球员进行积极思考，主动去解决各种训练问题。

（二）现代足球操作性训练理念的完善

1. 让球员在训练中享受足球

在足球训练中，让球员学会享受“踢球”的乐趣，有助于足球运动员的健康成长。针对青少年的特点，在足球训练中应该积极引导他们将足球运动看作一种游戏去体验和享受，增加他们踢球的兴趣，让他们能够在轻松的氛围中发现和感受足球的魅力，为其终身参与足球运动打下基础。

2. 根据球员特点进行针对性训练

在足球训练中，运动员都有其自身独特的生理特点和心理特点，因此在足球训练中，教练员要有针对性地安排训练内容和训练强度，确保足球运动员的训练符合其成长过程，从而实现其良性发展。

足球训练的目标是帮助运动员提高运动技能水平，这就对运动员的技战术、体能素质及心态都提出了较高的要求。在足球训练中，教练员要指导运动员将足球训练要求分成小的短期目标，进而在长期的训练过程中逐渐实现更高的目标和要求。如果放弃任何一个短期目标，都会影响下一步的训练，进而对整个训练过程产生不良的影响。

3. 训练指导与球员的发展需求同步

在现代足球训练中，教练员想要做到训练指导与球员的发展需求相适应，就必须用批判的观点审视足球运动训练的组织设计和计划安排。教练员应时刻考虑足球训练过程还需要怎么改进才能更好地适应运动员的长期发展。教练员要将"足球的重要基础"移植到学生的接受水平，以便于在运动之外更好地设计学生的足球训练。

与此同时，教练员必须提高自己的执教能力和水平，包括观察能力、教育能力、组织能力、辅导能力、训练能力、示范能力及自我提高能力等。

4. 结合足球发展趋势训练球员

在足球运动中，要想提高运动员的训练水平，在训练前就必须要考虑全面、计划周详。运动员只有真正掌握了比赛所需的各种基本运动技巧和技能，才能在赛场上发挥自如，获得理想的比赛成绩。

首先，在平时的训练中，要注重运动员全面能力的培养和提高。训练中强调足球运动员全面的足球技巧的掌握，能在赛场上灵活地处理各种复杂多变的情况。

其次，加强运动员的体能训练。现代足球竞争异常激烈，球员在赛场上的运动量和运动强度都很大，因此没有一个良好的体能做保障，运动员是无法完成比赛的。

最后，加强运动员的心理训练。心理训练也是足球训练课中重要的组成部分，良好的心理素质在对抗双方实力水平相当的情况下，显得尤为重要。只有具备了良好的心理素质，才能在足球赛场上面对意外情况时镇定自若，采取合理的解决对策去完成比赛。

第三章 足球运动的训练体系

本章对足球运动的训练体系进行了阐述，主要包括四个方面内容，分别是足球运动的身体素质训练、足球运动的心理素质训练、足球运动的技术训练和足球运动的战术训练。

第一节　足球运动的身体素质训练

我国在各种体育运动训练中，非常注重体能的训练。在足球训练和比赛当中对体能的要求显得尤为重要，随着我国在体育方面的不断重视，足球的训练也得到了很大的提高。本节主要对力量素质、耐力素质、速度素质的科学训练进行深入研究。

一、足球力量素质的科学训练

（一）足球力量素质科学训练的特点、要求及影响因素

1. 足球力量素质的概念与特点

（1）力量素质的概念

力量是指在任何时候能够举起或承担的重量。虽然力量会随着年龄的增长而逐渐减小，但力量素质训练却能够减少年龄对力量的影响。力量素质是体能的构成要素，是决定运动成绩的基础性因素，与其他运动素质有着密切的关系。它是掌握运动技术、提高体能水平、夺取比赛胜利的前提与保证。可以说，当代竞技运动水平的不断发展，与人们对力量素质认识的不断深化和力量素质训练理论与方法的逐步完善是分不开的。

大多数从事训练学研究的专家一般把肌肉力量定义为：人体工作时依靠肌肉收缩克服或对抗阻力的能力。根据生物力学原理，当人体各部分相互作用时，人体内部所产生的力对人体来说是“内力”。人体内力包括肌肉拉力、组织的阻力和运动环节间的反作用力。肌肉拉力是一切内力中的主动力，是运动的动力源泉。

（2）力量素质的特点

在足球运动中，力量素质是各项身体素质的基础，同时也是足球运动员掌握运动机能，提高运动成绩的基础。在现代足球比赛中，随着竞争的日益激烈，不仅要求运动员要不断克服身体阻力和惯性，完成各种跑、跳、突破、急停、转身等动作，而且还要在快速和对抗中准确地完成踢球、盯球、运球、射门等技术动作。因此，力量素质已成为衡量足球运动员体能的重要指标之一。

在现代足球运动中，运动员应具有的力量素质主要有以下几个方面的特点：

①良好的快速力量和爆发力。在足球比赛中，要求运动员完成动作时既要有准确性，又要有突然性，如突停突起、突然变向、远射等。上述动作需要运动员在极短的时间内完成。因此，良好的爆发力和快速力量训练水平，是足球运动员专项力量素质的一个重要特点。

对于一名优秀的足球运动员来说，肌肉的爆发性力量是必要发展的素质，特别是髋、膝、踝关节和腰腹部的屈伸力。研究表明，起动速度、弹跳力和踢球力量与这些肌肉的速度力量有直接的关系，而且在足球与非足球、一般运动员与优秀运动员之间存在着明显的差异。

②良好的力量耐力。在足球比赛中，运动员活动范围大，运动距离也较长，并且技术动作的运用也非常频繁。因此运动员在比赛中往往要在疲劳状态下不断地在一定距离内进行快跑和冲刺，之后再完成跳起、冲撞、射门等动作。因此足球运动员要有较好的力量耐力。

③复杂的肌肉工作方式。足球运动员在场上表现出色，需要不同类型的肌肉力量。他们的支撑脚要有强大的静力性力量，能够在地面上稳定身体。他们的踢球脚要有快速的动力性力量，能够在空中发出强劲的射门。此外，他们还要根据不同的动作，调动相应的肌肉群。

2. 足球运动力量素质科学训练的要求

足球运动员要在比赛中表现出色，就必须具备持久的耐力和强大的爆发力，这两种力量都与肌肉纤维的质量有关。白肌纤维和红肌纤维是人体肌肉的两种主要成分，其中白肌纤维更适合短时间内产生高强度的力量，因此足球运动员应该注重提高白肌纤维的比例和功能。在实际训练中，可以根据不同的负荷强度来刺激不同类型的肌纤维，从而达到有针对性地增强力量素质的目的。

当然，在进行力量训练时，也要考虑足球运动员在比赛中的技术动作和用力方式，选择合适的训练方法，以便更好地转化为实战能力。因此，在设计力量训练计划时，应遵循以下几个原则：

（1）速度力量是训练的关键

在足球运动中，提升球员的足球运动能力离不开速度力量，它需要在快速移动的过程中逐步增加阻力。训练过程中运动员要以低阻力、高速度为主要方式，同时配合轻重、快慢的变化进行训练。在提高速度力量耐力的同时，运动员还要注意动作速度，而且要在达到最大速度后，增加阻力和重复次数，从而达到增强肌肉耐力的目的。通过注重速度的训练方式，运动员可持续优化运动中枢的协调能力，建立快速的动力模式。增加阻力，一方面是为了加强神经冲动的传递，激活更多的肌纤维参与工作，使活跃的肌纤维的百分比逐渐提高，以提升肌肉力量；另一方面是强化肌肉组织的代谢功能，使肌肉产生结构和机能上的变化。同时，足球速度力量素质的训练还受到足球运动员承受负荷的大小、动作速度的快慢、重复次数的多少以及间歇的长短等因素的影响。如何正确处理它们之间的辩证关系，也是球员力量素质提高的关键。我们在训练过程应结合足球运动的用力特点，并根据不同对象、不同训练任务合理安排。一般安排如下：发展绝对力量，采用负荷大、次数少、组数多的训练；发展快速力量，采用中等负荷、重复次数少、练习组数较多的方法；发展速度力量耐力，采用中小负荷、重复次数多、组数少的方法。

（2）肌肉力量训练要充分

在足球运动中，不同的技术动作所参与的肌肉部位也不尽相同，因此必须根据不同肌肉对技术动作的影响，来对肌肉活动能力进行充分锻炼，只有这样才能使训练收到预期的效果。

足球运动中的动作很多，但不论哪一种动作都有一个对整个动作起决定性作用的关键环节。如正脚背大力射门，整个动作虽然比较复杂，但起决定作用的是摆动腿的前摆。这样就应该着重围绕前摆，使参与这一动作的肌肉得到较好的锻炼，即有效地发挥屈髋的髂腰肌、伸膝的股四头等肌肉的力量，从而增加正脚背射门的力量。

3. 足球力量素质科学训练的影响因素

（1）肌肉的初长度

肌肉的初长度越长，肌肉在收缩时所产生的张力就越大，因此力量也就越大。

（2）肌糖原含量

肌糖原储存于肌肉内，是肌肉运动时的供能物质。肌糖原含量的多少与肌肉收缩力量的大小有关，肌糖原储存量越大，肌肉收缩的力量就越大，且持续的时间越长。

（3）肌肉的纤维类型

肌肉的纤维可以分为白肌纤维（快肌纤维）和红肌纤维（慢肌纤维）两种，白肌纤维收缩速度快、产生的张力大，而红肌纤维则与之相反。若运动员的肌纤维组织中白肌纤维的含量大，则肌肉收缩速度快、产生的力量大。

（4）大脑皮层的灵活性

大脑皮层指挥运动的神经过程灵活性越高，则肌肉收缩的速度越快、速度性力量越大。

（5）运动技术水平

个体运动技术的水平越高，完成动作的技术越熟练、协调，其发挥的速度性力量的能力就越强。

（二）足球运动力量素质科学训练的方法

1. 足球专项力量素质的科学训练

（1）发展颈部、上肢和肩背力量的训练方法

①要求两手扶头，在颈部转动时给予抵抗力。

②要求在垫上做颈桥并推举哑铃、壶铃或轻杠铃。

③俯卧撑：俯卧撑向侧、前跳移，双杠双臂屈伸，单杠引体向上。

④两人面对坐地，两腿分开，抛、传实心球或足球。

⑤推小车：甲俯卧、两臂伸直，乙两手抬起甲的两脚，甲用两手向前“行走”。

⑥哑铃和杠铃练习。

⑦重叠俯卧撑：甲保持俯卧姿势，乙在甲的背上做俯卧撑，或者甲、乙二人同时做俯卧撑。

⑧斜立哑铃双臂屈肘：双手掌心相对，双臂伸直下垂，持哑铃站立，斜靠在斜板上。双臂屈肘，手到达大腿上部时由掌心向内转为掌心向上，直至达到肩部。然后下降哑铃，双手经过大腿后再由掌心向上转为掌心向内，保持上臂贴近体侧。重复练习，哑铃向上运动时吸气，向下运动时呼气（图 3-1-1）。

图 3-1-1　斜立哑铃双臂屈肘

（2）发展腰腹力量的训练方法

①仰卧起坐、举腿、快速屈体。

②侧卧做体侧屈，俯卧做体后屈。

③展腹跳：爆发起跳并充分展腹，向后屈膝，两手尽可能地触脚跟。

④仰卧，两脚夹球离地 15～20 厘米，以腰为圆心画圆。

⑤肩负杠铃做体前屈或转体，抓举杠铃。

⑥跳起空中转体或收腹用力顶球。

（3）发展腿部力量的训练方法

①远距离传球和大力射门练习。

②小腿负重踢球：要求在不影响正确动作规格的前提下尽力踢球。

③肩扛杠铃做提踵或脚掌走，肩负杠铃由站姿下降至深蹲。

④仰卧小腿屈伸：通过髋关节和膝关节使重物平行下降，直至膝关节屈曲 90°，还原并重复动作。

⑤背人接力：全队分成两组成纵队站在起点，听到“预备”口令时，一人将另一人背起，见教练员手势后起跑，跑过对面的标志后交换背人。跑回起点时拍第二对同伴手后，第二对再跑。依次做完，最先跑到的一组为胜。

⑥健身机腿内收：两腿用力并拢，坚持片刻，还原并重复动作。

⑦向前后连续快摆大、小腿（可在腿部绑沙袋）。

⑧腿部伸展：通过伸展膝关节使小腿上举至全腿伸直，还原并重复动作。

⑨驮人提踵：上体前屈，双手扶固定物，双腿伸直，前脚掌踩在提踵练习小凳上。同伴骑在腰部以下，体重压在髋部，尽量高地向上提踵，并稍做停顿。返

回开始姿势，提起时吸气，下降时呼气，重复练习（图 3–1–2）。

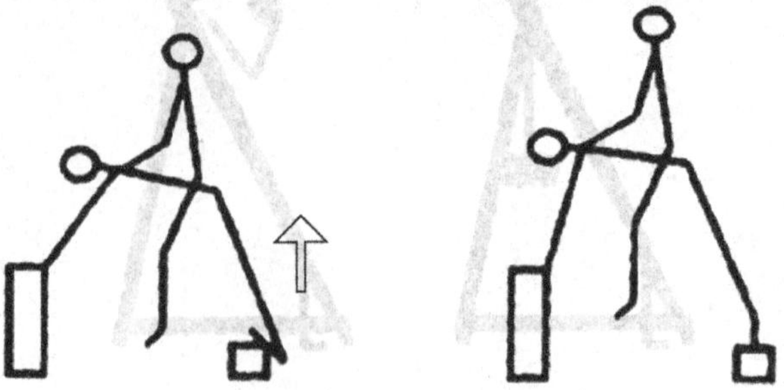

图 3–1–2　驮人提踵

⑩俯卧小腿屈伸：通过膝关节的屈伸使小腿向上抬起，还原。重复上述动作。

⑪ 坐式提踵：放低足跟至小腿有拉伸感，通过踝关节尽量距屈使足跟抬高，还原。重复上述动作。

（4）发展全身力量的练习

①四节挺举，要求完成每一环节时都必须采取爆发性动作。

②合理冲撞练习：二人面向或侧向做跳起冲撞练习；或甲运球，乙贴身跟随并冲撞甲，甲要稳住重心；或两人同时争球并在其间运用合理冲撞。

③二人抢夺球练习。

④蹲跳顶球，连续蹲跳中顶球，要求取半蹲姿势，可负重。

⑤倒地起身，甲运球，乙从侧面铲球，乙在铲球倒地后尽可能快地起身去追球。

（5）发展足球运动核心力量的练习

①俯姿平撑：俯卧，双臂屈肘 90° 支撑身体，双腿伸直并拢用脚尖撑地，直体固定腹背部，要求保持 20～30 秒（图 3–1–3）。

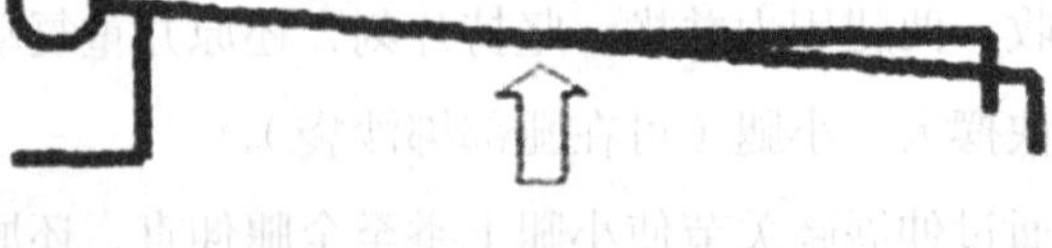

图 3–1–3　俯姿平撑

②俯平撑提腿：俯卧，双臂屈肘 90° 支撑身体，双腿伸直并拢用脚尖撑地，

直体固定腹背部，提起一条腿，双腿交替练习，提起每条腿时，保持 10 秒（图 3–1–4）。

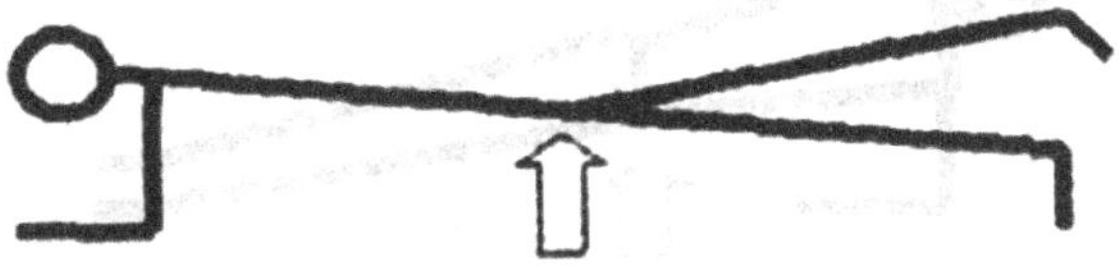

图 3–1–4　俯平撑提腿

③仰姿桥撑：仰卧，双臂在体侧伸直，双手掌心向上支撑身体，双腿屈膝、并拢，用脚撑地。提起髋部离地，身体成桥形姿势固定，保持 20～30 秒（图 3–1–5）。

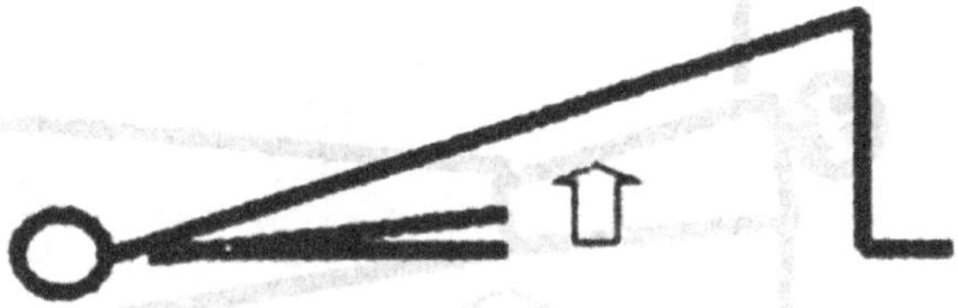

图 3–1–5　仰姿桥撑

④仰姿臂撑提腿：仰卧，双臂屈肘支撑身体，双腿伸直、并拢，用脚撑地。提起髋部离地，身体成直体姿势，再提起一条腿，膝关节伸直、固定，双腿交替练习，提起每条腿保持 5～10 秒（图 3–1–6）。

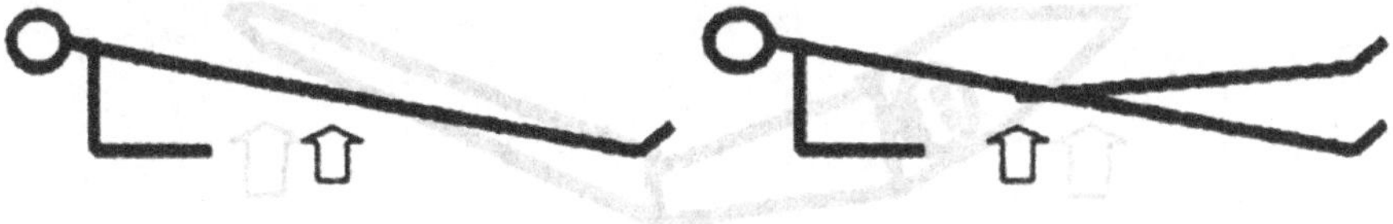

图 3–1–6　仰姿臂撑提腿

⑤侧姿臂撑：侧卧，单臂屈肘支撑身体，另一只臂屈肘侧举，双腿伸直、并拢，用一只脚外侧撑地。提起髋部离地，身体成直体姿势，膝关节伸直、固定，身体两侧进行交替练习，每侧保持 20～30 秒（图 3–1–7）。

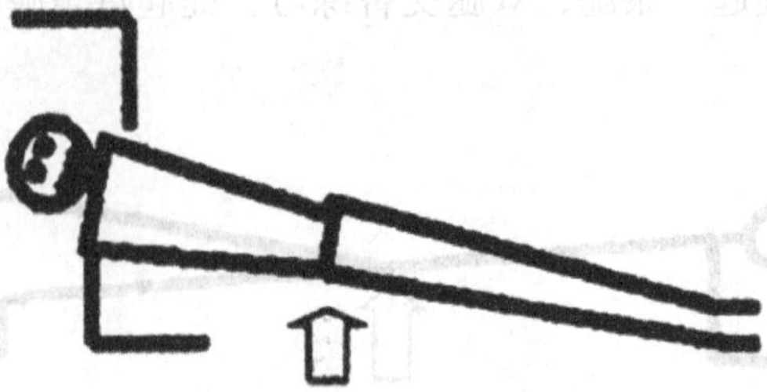

图 3-1-7 侧姿臂撑

⑥侧姿臂撑提腿：侧卧，单臂屈肘支撑身体，另一只臂屈肘侧举，双腿伸直、并拢，用一只脚外侧撑地。提起髋部离地，身体成直体姿势，再提起一条腿，膝关节伸直、固定，身体两侧交替练习，每侧保持 20～30 秒（图 3-1-8）。

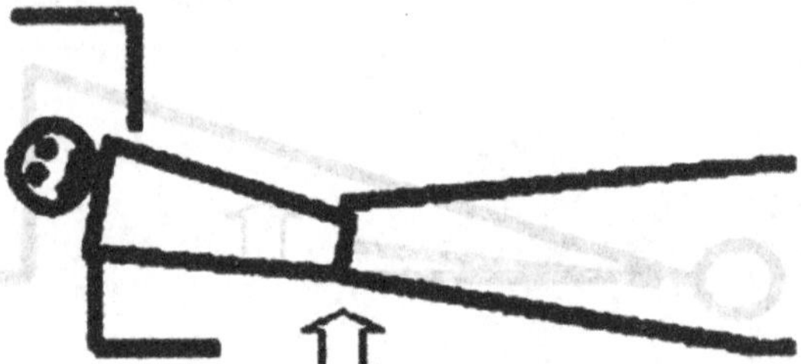

图 3-1-8 侧姿臂撑提腿

⑦侧卧弯月姿势两头起：侧卧，双臂伸直，双手于头上合拢，双腿伸直、并拢。提起双腿和双臂离地，身体成香蕉姿势，膝关节伸直、固定。身体两侧进行交替练习，每侧保持 20～30 秒（图 3-1-9）。

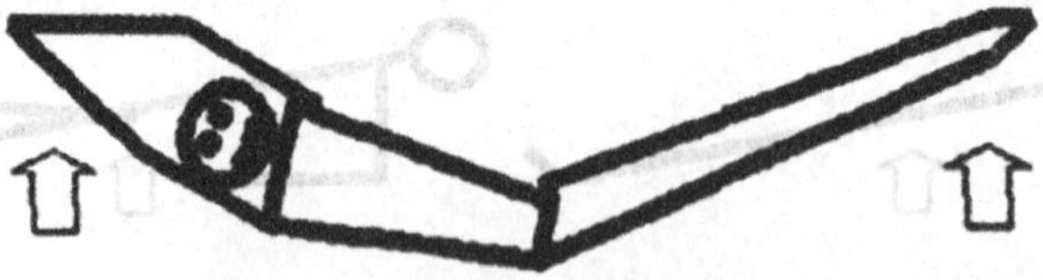

图 3-1-9 侧卧弯月姿势两头起

⑧仰卧瑞士球持实心球体前屈：双脚于双髋间距分开，躯干仰卧在瑞士球上，双臂水平伸直持实心球于头后。形成体前屈姿势，双臂垂直伸直持实心球于头上，保持姿势 20～30 秒（图 3-1-10）。

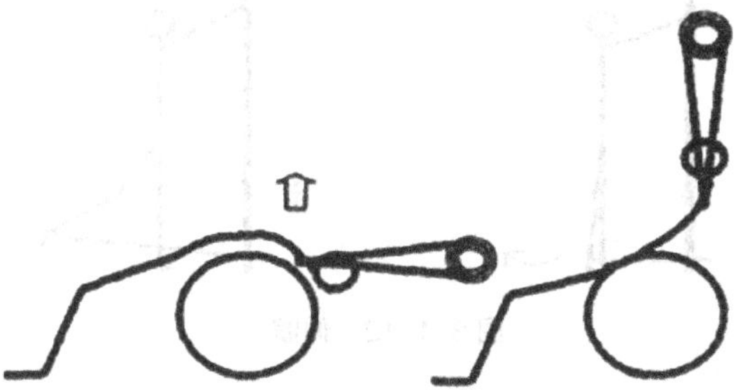

图 3-1-10　仰卧瑞士球持实心球体前屈

2. 足球准备期力量素质的科学训练

（1）徒手下蹲跳

直立，双臂胸前交叉，直背抬头，双脚以肩宽间距站立。下蹲至大腿上面与地面平行或更低，利用大腿力量尽量高地向上跳起。向下运动时呼气，向上运动时吸气，迅速下蹲。练习 2 组，每组重复次数为 15～30 次（图 3-1-11）。

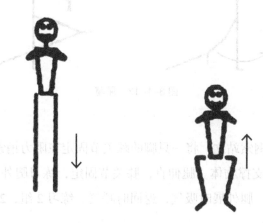

图 3-1-11　徒手下蹲跳

（2）伸髋

面对滑轮阻力钢索站立，将一只脚的踝关节固定在阻力钢索上。一只手在体前扶住固定物体，一条腿伸直并尽量远地向后上方向摆。背伸直，不要向前或后弯曲。向上运动时吸气，向下运动时呼气。练习 2 组，2 组每条腿重复 15 次（图 3-1-12）。

图 3–1–12　伸髋

（3）屈髋

背对滑轮阻力钢索站立，将一只脚的踝关节固定在阻力钢索上。双手在体前腰部高度握住固定支撑物体。腿伸直，膝关节固定，腿前摆至与地面平行。背伸直，不要向前或后弯曲。向上运动时吸气，向下运动时呼气。练习 2 组，2 组每条腿重复 15 次（图 3–1–13）。

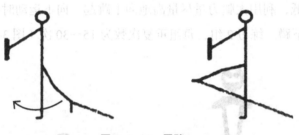

图 3–1–13　屈髋

（4）髋外展

侧对滑轮阻力钢索站立，将一只脚的踝关节固定在阻力钢索上。双手在体前腰部高度握住固定支撑物体。腿伸直，膝关节固定，练习腿外展侧摆。背伸直，不要向左或右晃动。腿外展时吸气，返回时呼气。练习 2 组，2 组每条腿重复 15 次（图 3–1–14）。

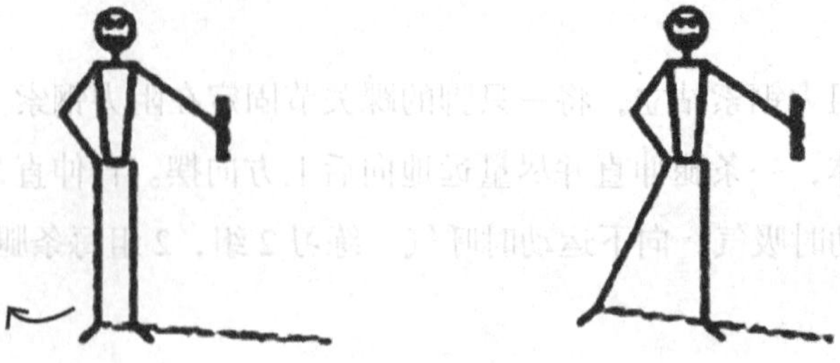

图 3–1–14　髋外展

（5）仰卧屈臂头后拉杠铃

在长凳上仰卧，头部伸出凳子，双腿并拢，双脚平放于地面。把杠铃杆放在胸部与乳头成一线的部位，双手间距较窄，双肘尽量并拢。将杠铃沿贴近头部的半圆路线向头部上方运动，尽量下降高度至地面。沿原运动路线将杠铃拉回胸部位置，完成系列动作。开始动作时吸气，完成时呼气。练习 4 组，4 组重复次数为 12、10、10、8（图 3-1-15）。

图 3-1-15　仰卧屈臂头后拉杠铃

（6）伸背练习

双脚固定，在鞍马或高长凳上以髋部为支撑点下屈躯干至与地面垂直的姿势。将双手交叉于头后部，伸背至躯干与地面成稍高于水平位置的姿势。提起上体时吸气，落下时呼气。练习 3 组，每组最多重复 15 次，否则增加负重（图 3-1-16）。

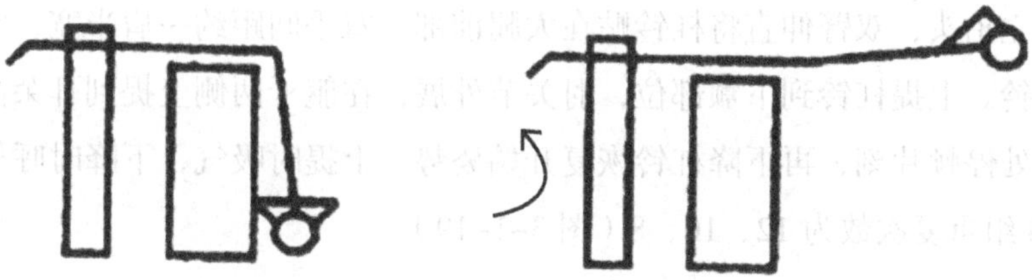

图 3-1-16　伸背练习

（7）斜板屈膝仰卧起坐

在斜板上仰卧，双脚固定稳定身体，双膝屈 45°，双手在头后，下颚贴胸。后仰上体直到腰部接触斜板。提起上体，重复练习，上体后仰时吸气，坐起时呼气。练习 1～2 组，每组重复 25～40 次（图 3-1-17）。

图 3-1-17　斜板屈膝仰卧起坐

（8）窄握下压

在练习器械前直立抬头，双手掌心向下以较小间距握住阻力钢索的把手横杠。提起上臂至体侧并保持这个姿势，使用前臂沿半圆路线下压把手横杠。下压时吸气，上抬时呼气。练习 2 组，2 组重复次数为 12、10（图 3–1–18）。

图 3–1–18　窄握下压

（9）高提杠铃

直立抬头，双臂伸直将杠铃贴在大腿前部。双手间距约一肩半宽，掌心向下握住杠铃。上提杠铃到下颚部位，肘关节外展，在躯干两侧上提到耳朵高度。到达最高处停顿片刻，再下降杠铃恢复开始姿势。上提时吸气，下降时呼气。练习 3 组，3 组重复次数为 12、10、8（图 3–1–19）。

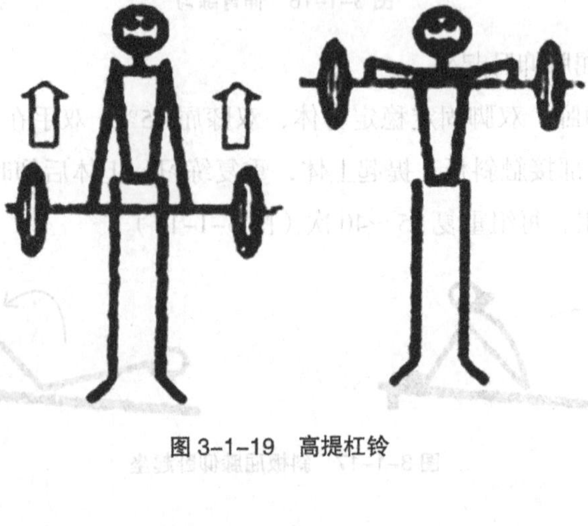

图 3–1–19　高提杠铃

（10）宽握引体向上

双手掌心对前方，以较宽间距直臂握住头上单杠使身体悬垂。向上拉引身体，力图使下颚接触单杠，再返回开始姿势。拉引身体时吸气，下降时呼气。练习 3 组，每组最多重复 10 次，可增加负重练习（图 3-1-20）。

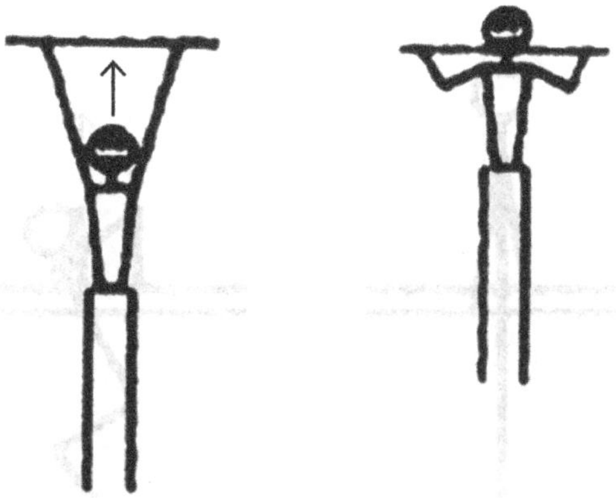

图 3-1-20　宽握引体向上

3. 足球比赛期力量素质的科学训练

足球运动员比赛期力量训练的任务是保持在准备期达到的全身力量能力和身体各个主要肌肉群的均衡发展水平。周训练负荷结构一般为：每周进行 2 次力量训练课，隔 1～2 日安排力量训练，比赛前 2 日休息。通常采用的训练方法有以下几种：

（1）高踏板坐蹬腿

在腿部力量练习器上坐下，双脚蹬在较高位置的踏板上，大腿几乎垂直于地面。双手扶在臀部下方的扶手上，双膝略外展，蹬踏板伸直双腿。蹬伸时呼气，收腿时吸气。练习 3 组，3 组重复次数为 12、12、10（图 3-1-21）。

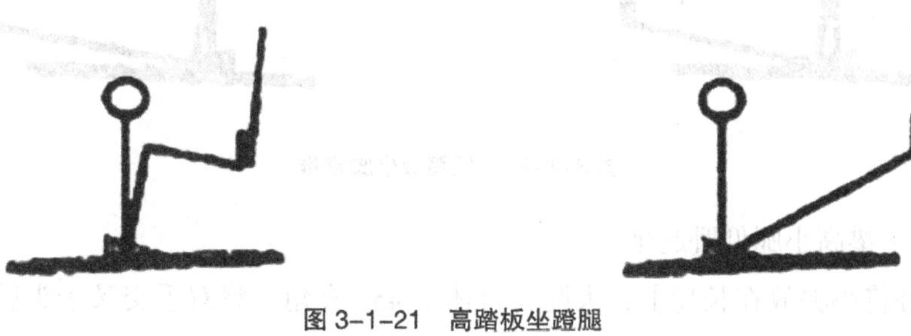

图 3-1-21　高踏板坐蹬腿

（2）臂撑起

双臂在双杠上悬空撑起身体，双臂和双腿伸直，肘关节向内。肩和肘关节屈曲下降身体到最低位置，稍停顿再伸直双臂撑起身体。返回开始姿势，重复练习。下降时吸气，上撑时呼气。练习 2 组，每组最多重复 12 次，可增加负重练习（图 3–1–22）。

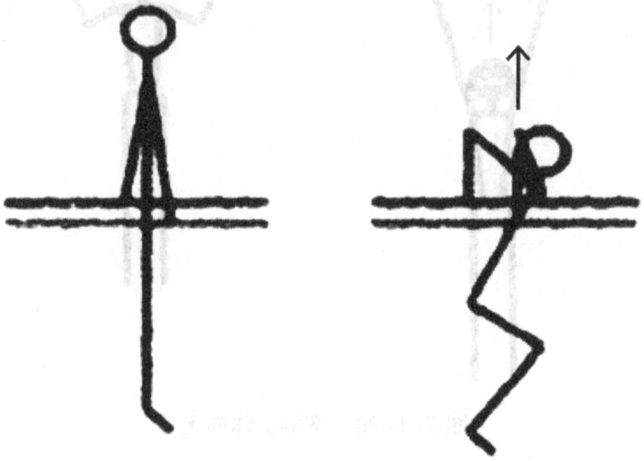

图 3–1–22　臂撑起

（3）低踏板坐脚掌推

在腿部力量练习器上坐下，双脚蹬在较低位置的踏板上。双手扶在臀部下方的扶手上，伸直双腿，用前脚掌前推踏板。前推时吸气，后退时呼气。练习 3 组，每组重复 20～25 次（图 3–1–23）。

图 3–1–23　低踏板坐脚掌推

（4）垫高小腿仰卧起坐

仰卧将小腿放在长凳上，大腿与身体呈 45° 夹角。将双手交叉于头后部，尽量高地提起上体。提起上体时呼气，落下时吸气。如加大难度，可在躯干适当负重，练习 1 组，重复次数为 25～50 次（图 3-1-24）。

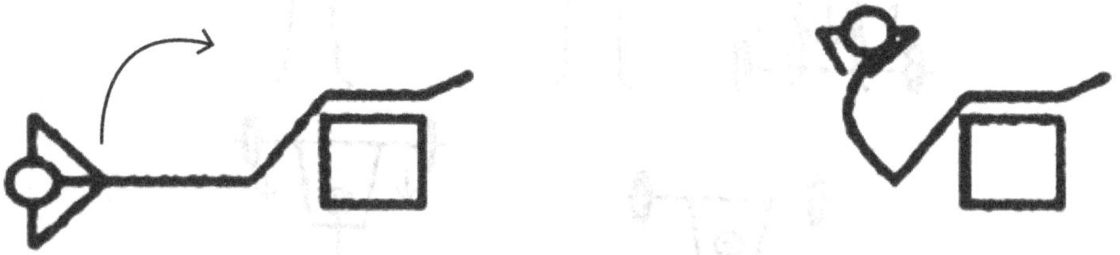

图 3-1-24　垫高小腿仰卧起坐

（5）桥形练习

跪地把头顶放在垫子上，双臂在胸前交叉，提起身体中部形成金字塔姿势。双腿尽量伸直，所有身体重量分布在头部和双脚。前后滚动头顶，使头部承受更大重量，然后左右滚动头顶。转动身体，使胸部和身体中部向上。重复前后滚动头顶，使头部承受更大重量，然后左右滚动头顶。练习 1～2 组，每组重复 5～15 次（图 3-1-25）。

图 3-1-25　桥形练习

（6）挺举

将杠铃放在地面上，双手以肩宽为间距握住杠铃杆。由下蹲姿势开始，腿、髋发力尽量向上提拉杠铃，上拉动作过程中脚跟尽量提起。当杠铃接近胸上部时降低身体重心，翻肩、翻腕支撑，固定杠铃在胸上部。身体成直立姿势，略微下蹲快速上举杠铃，双腿成弓箭步，直臂支撑杠铃，再成直立姿势支撑杠铃，然后返回开始姿势。练习 2 组，2 组重复次数为 10、8（图 3-1-26）。

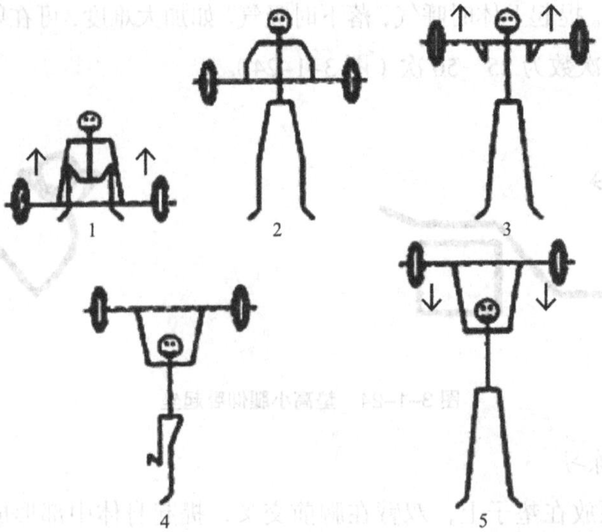

图 3-1-26 挺举

4. 足球力量素质的游戏训练法

（1）斗鸡

在足球场地上画两条相距 6 米的平行线，两线中间画 4 个直径为 2 米的圆，将运动员分成人数相等的两个队，分别站在两边线后。游戏开始，每个圆圈内每队各站一人，相向单腿站立，另一腿屈膝抬起，两手放在背后互握。教练员发令后，两人一边用单脚跳动，边用肩去冲撞对方，以将对方撞得单脚站立不稳而双脚落地或将对方撞出圈外为胜（图 3-1-27）。

图 3-1-27 斗鸡

（2）骑马打仗

将运动员分成人数相等的两个队，各队每两个人组成一组。两人互相背起，教练员发出指令以后，两队开始战斗，背在上面的人努力将对方上面的人拉下“马”。（图 3–1–28）游戏只许拉扯对方的手、肩部，不许打、顶头部或肋部，被拉下的“马”，要退出游戏，不许重组再参战。

图 3–1–28　骑马打仗

（3）蚂蚁搬家

在足球场内进行，场地上要画两条相距 10～12 米的平行线，一条为起点线，另一条为终点线；在起点线前 3～4 米处放 5～6 个沙包，并将运动员分成人数相等的 4～6 组（每组 5～6 人为宜），成纵队站在起点线后（对准沙包的左侧）。游戏开始，每组的排头成仰卧屈体，两手后撑移行的方法至沙包处，并取一个沙包放于腹部移行至终点，并将沙包放到规定的位置后击掌示意；第二人听到击掌后，按同样的方法进行；最后以先搬完的组为胜。如果在移行的过程中，沙包掉下，则必须在原地捡起放好，才能继续游戏；必须在起点线后听（或看）到击掌（或示意）方可开始；行进中臀部不得触地；身体的全部通过终点，并将沙包放到规定的位置方可示意。

（4）开火车

将运动员分成若干队，各队排成一列横队，每一名运动员都将自己的一条腿伸给前面的人（第一排的人除外），前面的人用手拉住后面的人伸过来的腿。大家一起单腿跳跃向前行进，率先通过终点的队获胜。队列在前进过程中，如果断裂，则在原地整理恢复队列后才可继续前进。

（5）瞎子和瘸子

两名运动员为一组，一名运动员被蒙住双眼并背着另一个人，在背上的人利用语言指导被蒙住双眼的人的行走方向。在两人的配合下，率先通过终点的一组获胜。被蒙住双眼的运动员不能偷看。

（6）推小车

两人为一组，一前一后同向站立，前面的人双手着地俯撑，两腿分开；后面的人上前双手挽住前面人的双腿，前面的人用手爬行，后面的人用腿走；最先通过终点的一组获胜。在两人前进的过程中，如果前面的人腿落地，则必须在原地调整好后才能继续前进。

（7）拔河比赛

在足球场地上画三条间距为 1.5 米的平行线，中间一条为线，两边的线为“河界”。一根拔河绳，中间系一红带子为标志带。指挥旗两面。将运动员分成人数相等的两队，分别站在“河界”的两边，各队选出一人做指挥，手持指挥旗。游戏开始，当听到“预备”的口令后，各队队员手握绳子，此时标志带对准中线。教练员鸣笛后，各队在自己的指挥下，一齐按节奏用力拉，将标志带拉过本方的“河界”为胜；在鸣笛后双方才能用力拉；拔河时不得在地上挖坑或借助外力；游戏以标志带过“河界”的垂直面为准，判断胜负；一般采用三局两胜制。

（8）跳十格房

在平坦的场地上画一个有十个格子的长方形，准备一只沙包，并将运动员分成若干小组，每组以 2～4 人为宜，用各自抢报数的方法确定比赛顺序。游戏开始后，各组的第一人手持沙包站在第一格的后面，将沙包扔向第一格内，用单脚跳进第一格，并捡起沙包，单脚跳回起点；接着将沙包扔向第二格内，用同样的方法经第一格跳至第二格（每格只许跳一次），单脚站立捡回沙包后，经第一格后跳回起点，依此类推，直至跳完十格，为胜一次，此时可任选一格为自己的“房子”，并做标记。从第二轮开始跳，在经自己的“房子”时，可双脚落地。当其他人扔包跳时，必须隔过别人的“房子”，不得跳进“房”内，可从上面跃过。以“房子”迫使无法跳过者为失败，依次进行淘汰，跳到最后的人为胜。在扔包或跳的过程中，若压、踩线或出界均为失败；每格只能跳一次，否则为失败；上一轮在哪格失败，则下轮在该格开始；不得在连续的格子中选自己的“房子”。

二、足球运动耐力素质的科学训练

（一）足球运动耐力素质科学训练的特点、要求及影响因素

1. 足球运动耐力素质的概念与特点

（1）耐力素质的概念

耐力素质指的是有机体长时间工作，克服工作过程中产生的疲劳的能力。疲劳就是运动员由于活动而引起的工作能力及身体机能暂时性降低的现象。其主要表现为工作较困难或完全不能继续按以前的强度工作。此时，尽管完成工作较困难，但由于顽强的意志支配，在一定时间内仍可保持前一段工作时的强度，这时属于补偿性疲劳阶段。如果主观意志想克服体力上已产生的紧张，但工作强度仍然降低，这时就属于补偿性失调的疲劳阶段。

（2）足球运动耐力素质的特点

通常球员进行一场较高水平的足球比赛，每名球员平均需要跑动8000～12000米的距离（其中冲刺快跑约2000米），而同时球员还需要在异常激烈的身体对抗中，快速完成数百次的技战术动作，这些都对球员的耐力素质提出了很高的要求。对足球运动员无氧代谢和有氧代谢供能的要求非常高。在90～120分钟内，运动员如果没有良好的耐力，就会导致体力、脑力、感觉、情绪诸方面身体机能的下降，错误动作增多，进而不能充分发挥自身的技术和战术水平。

耐力素质一般可以被分为有氧耐力和无氧耐力两种，而在足球运动中，运动员的活动形式主要有两种：一种是进行适当强度地延续到整个比赛时间的有氧代谢运动，在负荷强度下降时，氧开始与肌肉中的糖、自由脂肪酸结合，再生成大量的ATP供给肌肉活动需要；另一种是以最大强度进行，每次持续6～9秒的无氧代谢运动，如快速起动、全速跑、冲刺跑等。最大强度运动靠肌肉内ATP和CP快速分解供能，而肌肉内ATP和CP含量有限，供能时间最多不超过10秒。因此，足球运动员在进行一定时间的（最）大强度活动后必须换以中小强度活动来交替间歇，以恢复肌肉再次（最）大强度活动的能量供应。所以说，足球运动

员的专项耐力是建立在冲刺快跑时的高能磷化物（ATP 和 CP）的无氧分解和主要在间歇时有氧再合成的供能基础上的。它是一种非周期性不规则的、有氧与无氧混合供能、大小强度和快慢速度交替的速度耐力，其中短距离反复冲刺跑是最突出的速度耐力训练方法。

2. 足球运动耐力素质科学训练的要求

（1）足球无氧耐力的基本要求

在耐力素质训练中，足球运动员的无氧代谢能力（即无氧糖酵解能力）决定着其无氧耐力水平，机体组织抗乳酸能力以及能源物质（主要是 ATP 和 CP）的储备和支撑运动器官的功能。

最大强度的运动在开始的 8～10 秒内，所用的能量都由 ATP 和 CP 分解供给，其分解后不产生乳酸，称为非乳酸无氧耐力。一场足球比赛中，运动员 5～15 米的快跑冲刺占 80%～90%，比赛中快跑冲刺和慢跑与走的时间比约为 1：7～1：14，因此运动员需要具有良好的非乳酸无氧耐力。

研究发现，目前足球运动员的肌肉耐力水平，特别是肌肉无氧耐力水平，决定着足球运动员的体能水平，因此重点发展足球运动员肌肉无氧耐力水平对提高运动员的体能特别重要。发展非乳酸无氧耐力，采用高强度小间歇的练习原则较为流行，间歇训练法是主要训练方法，一般采用多组数的短距离（10 米—30 米—50 米）冲刺跑，并控制间歇时间的大强度训练，以提高 ATP 和 CP 的快速分解、合成能力。

除此之外，随着足球全攻全守打法的日臻完善，运动员的职能也更加全面，比赛中运动员常处于连续冲刺状态，所以运动员乳酸无氧耐力的重要性也更为突出。所谓乳酸无氧耐力，是在大强度运动超过 10 秒以后主要靠机体内肌糖原大量无氧酵解供能，乳酸是其最终产物。其中糖酵解系统供能在 30～60 秒达到最大速率，可持续供能 2～3 分钟。

（2）足球有氧耐力的基本要求

在足球运动的耐力素质训练中，最大吸氧量是足球运动员发展有氧耐力首先要进行的训练。输氧能力是影响最大吸氧量的主要因素，它主要取决于心肌收缩力。因此，有氧耐力训练的本质就是提高运动员的心肌收缩力，它的主要方法是练习速度控制在有氧代谢供能幅度之内的持续负荷法，即通过较长距离的跑和长时间的练习来提高心血管系统的机能和机体能量的储备能力。

一般可以通过不间断匀速负荷法和变速负荷法两种方法，来帮助足球运动的有氧耐力素质的发展。

不间断匀速负荷法：通常是以运动员最大强度的 70% 来进行持续跑。这种方法可以有效提高人体肌肉中肌红蛋白含量和肌糖原的储量，改善糖和脂肪的供能调节能力，对足球运动员有氧耐力素质的发展起着非常重要的作用。

变速负荷法：通常是以运动员最大强度的 70%～85%，心率达 160 次 / 分钟的标准进行练习，然后转入慢跑恢复期，当心率降至 120 次 / 分钟左右时，再做下一组练习。

研究表明，有氧耐力的训练强度应达到最大负荷强度的 70%，摄氧量应达到最大摄氧量的 75%，才能使训练真正符合实际比赛的需要。

有氧耐力专项练习可以在基本技术或战术的练习中组织安排，如长时间活动中传接球练习、运带球练习等都可促使有氧耐力在基本技术练习的同时得到发展，只要练习的时间、强度遵循有氧耐力发展的基本原则，任何练习形式都可以改善有氧耐力。

3. 耐力素质科学训练的影响因素

（1）有氧供能

有氧供能是足球运动的主要供能形式，有氧供能能力的提高是提高耐力素质的基础。有氧供能能力的提高受以下几个因素的影响：

①肺活量：即肺的通气机能，肺的通气量越大，吸入的氧气越多，可供利用的氧气就越多。

②心输出量：单位时间内血液循环越快，肌细胞的供氧量就越高，有氧代谢的能力就越好。

③肌组织中氧化酶的活性：肌组织中线粒体数量的增加能改善和提高肌肉组织中的氧利用率。

④肌肉组织中肌糖原的储备量：肌肉组织中肌糖原的储备量越多，供应机体运动消耗的能力就越好。

（2）无氧供能

①非乳酸无氧供能又称磷酸能系统供能，是将肌细胞内的高能磷酸化合物迅

速分解以释放供给肌肉运动所需能量的供能方式。

第一，脑细胞抗乳酸能力。血乳酸浓度大，会加速脑细胞的疲劳，脑细胞抗乳酸能力的提高，会提高机体的无氧能力，延缓脑细胞的疲劳，从而保障机体的运动能力。

第二，肌糖原含量。肌糖原含量的1/3可被用于非乳酸无氧供能，肌糖原的含量越高，机体的无氧耐力就越高。

第三，血液中缓冲物质的含量。血液中的缓冲物质能够中和肌肉运动时产生的酸性物质，缓冲物质含量越多，活性越大，血液酸碱度的变化就越小，机体的无氧能力就越强。

第四，血液中乳酸活性酶的活性。血液中乳酸活性酶（乳酸脱氢酶）活性越大，越有助于无氧供能，即机体的耐力水平就越高。

②无氧糖酵解系统供能又称乳酸能系统供能。当氧供应量不足以达到有氧氧化系统供能所需供氧量的两倍，且三磷酸腺苷（ATP）和磷酸肌酸（CP）已被消耗到原储量的50%时，无氧糖酵解系统才开始供能。肌糖原大量分解供能，产生乳酸，机体无氧糖酵解系统供能能力越强，运动员在场上保持高强度运动的时间越长。

（二）足球运动耐力素质科学训练的方法

1. 足球运动员有氧耐力的科学训练方法

3000米、5000米、8000米、10000米等不同距离的定时跑或越野跑：要求运动员在空气清新、相对松软、有弹性的地面练习，跑的速度可以适当变化，心率控制在150～170次/分。运动时间为1.5～2小时。

400～800米的变速跑：要求运动员根据自身能力控制速度和距离。负荷强度由低到高，心率控制在130～150次/分、170～180次/分。练习持续时间在半小时以上。

100～200米间歇跑：要求整个训练的持续时间尽可能延长，至少半小时以上。练习期间采用积极性休息方式，如放松走和慢跑。训练负荷量较小，训练中每一次练习的持续时间不长。负荷强度较大，心率达到170～180次/分之间。在身体尚未完全恢复的情况下进行下一次练习，心率在120～140次/分之间。

2. 足球运动员无氧耐力的科学训练方法

编组练习内容可以是折线快跑20米—仰卧屈体5次—冲刺10米—突停转身

铲球—向左右做旋风腿各 1 次—快跑中跳起头顶球 3 次—冲刺射门两次—三级蛙跳（图 3-1-29）。

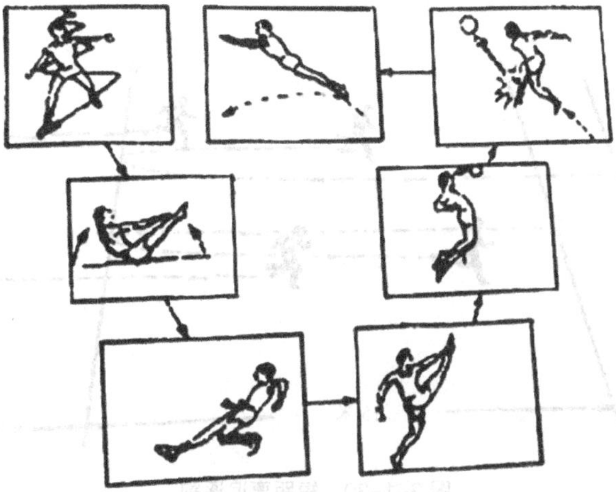

图 3-1-29　编组练习

重复多次的 30～60 米冲刺。

100～400 米高强度的反复跑和 1～2 分钟极限练习。

原地快速跳绳：30 秒钟 ×10，60 秒钟 ×5（每次间歇 30～60 秒钟）。

进行 5 米、10 米、15 米、20 米、25 米折返跑练习。

往返冲刺传球：队员甲往返冲刺在限制线之间（间距 10 米），在限制线附近回传乙、丙分别传来的球，乙、丙离限制线约 5 米。

1 分钟内一对一追拍或一对一过人。

规定时间做不同人数的传抢练习：1/4 场地 4 对 4 传抢、1/2 场地 6 对 6 传抢、全场 9 对 9 传抢。

100～400 米逐渐缩短间歇时间跑：一般采用 80%～90% 的练习强度，心率达到 180～190 次 / 分。一次练习的持续时间和距离稍长，练习的重复次数不宜过多。要求运动员间歇时间逐渐缩短，可采用段落相等或不等的练习。如果段落不等，练习顺序由短到长，在最后一组练习时基本保持规定的强度。

100 米、110 米栏、100 米栏、200 米短段落间歇跑：可采用 30～60 米距离，间歇时间 1 分钟左右。采用 95% 以上的大强度练习，持续时间 10 秒左右。要求运动员保持高训练强度，较多的练习重复次数，组数根据练习者情况而定。

短距离追逐跑：教练员发出信号后，①号追②号，当他们踏上X限制线时立即返回，此时③号和④号分别追逐②号和①号，冲出Z限制线为安全（图3-1-30）。

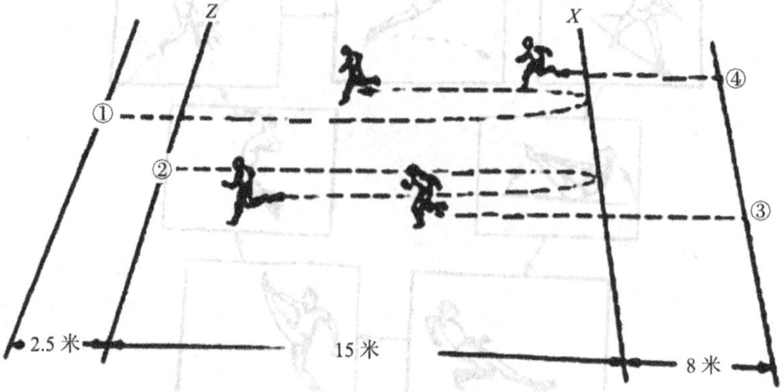

图 3-1-30　短距离追逐跑

100～400米固定间歇时间跑：要求运动员采用80%～90%的练习强度，心率达到180～190次/分。一次练习的持续时间和距离稍长，练习的重复次数不宜过多。要求间歇时间固定不变，可采用段落相等或不等的练习。如果段落不等，练习顺序由短到长，在最后一组练习时基本保持规定的强度。

有持续时间的往返带球、扣球练习。

100米、110米栏、100米栏、200米长段落间歇跑：可采用100～150米距离，间歇时间2分钟以上。采用95%以上的大强度练习，持续时间10秒以上。要求运动员保持高训练强度，练习的重复次数可以较多，组数根据练习者情况而定。

3. 足球运动耐力素质游戏训练法

（1）勇夺红旗

将一根6～8米的粗绳子两端系牢，成正方形摆放在足球场上，距各角约3米处分别插一面小旗，并将运动员分成人数相等的4组，分别成横队站在绳外2米处。游戏开始，各组排头单手握绳的一角做好准备，教练员发令后4人同时拉绳，并用另一手去触摸本方的小旗，先触到小旗的人为胜并记1分。全组依次进行，最后以累计得分高的组获胜。

（2）鼠标与光标

在平整的足球场地上画一个长为15米，宽为12米的长方形。将运动员分成若干组，每组4～6人，经猜拳胜者为“鼠标”，站在场地的一端，其他人为“光标”，面对“鼠标”站在场地的另一端。游戏开始，“鼠标”用手势指挥“光标”做变向跑；“鼠标”双手向后挥，“光标”则向前跑；“鼠标”手向前推，则“光标”后退；“鼠标”向左挥手，“光标”则向右侧跑……最后以不出错的“光标”为胜。在游戏过程中，如果“鼠标”指挥失误，造成“光标”出界，则互换角色；“光标”失误2次，此轮被淘汰；“鼠标”与“光标”始终保持面对面。

（3）接龙

足球场内进行，纸箱4个，分别等距摆放在一侧的边线外，沙包人手一个。将运动员分成人数相等的4组，每人手持一沙包成纵队站在另一边线（起跑线）后。游戏开始，教练员发令后，各组第一人跑至纸箱前，将沙包放入，并按原路返回至起点，用手拉住第二人的手，两人一起跑向纸箱，并将第二人手中的沙包放入箱内，返回起点，以此类推，直至最后一人接龙返回，最后以先返回的组为胜。

三、足球速度素质的科学训练

（一）足球运动速度素质科学训练的特点、要求及影响因素

1. 足球速度素质的概念与特点

（1）速度素质的概念

速度是指人体（或身体的某部位）进行快速运动的能力，它包括三个方面，即对各种刺激快速反应的能力、快速完成动作的能力和快速通过某一距离的能力。速度是运动员的基本素质之一，在体能训练中占有重要地位。

（2）足球运动速度素质的特点

①反应速度的特点：在足球比赛中，运动员在事先无准备或准备不足的条件下，往往主要通过视觉感受器接受各种刺激（如各种不同性质的来球，瞬间出现的空档等），然后根据本队、本人技术和战术的需要，经过瞬间复杂的思维、判断，迅速采取行动。在整个反应过程中，不仅时间非常短促，而且运动员所遇到的情况也非常复杂。

②位移速度的特点：在足球比赛中，运动员往往根据来球状况和战术需要

进行移动。运动员移动方向随机多变，移动距离长短不一，一般 5～10 米移动占 85%～90%。移动形式也无一定规律，有直线、曲线、弧线、折线，同时还交替着快、慢以及走、停、跳跃、后退、侧跨等多种复合形式。

③动作速度的特点：在快速奔跑中，足球运动员要随时完成各种有球和无球动作，加之心理负担较重，因而动作节奏性较弱，应变性较强。完成动作时身体重心较低，肌肉常处于十分紧张的状态。

2. 足球运动速度素质科学训练的要求

在足球运动的速度素质训练中，应尽量模拟出比赛时的情形来进行训练，这样才能有效地适应比赛对球员速度素质的要求。

（1）反应速度训练的要求

足球运动中，球员的反应速度主要取决于信号通过反射弧各环节所需的时间。中枢神经系统的机能水平越高，信号通过反射弧的速度就越快。在足球速度素质的训练中，要经常利用突然发出的信号，提高运动员对简单信号（视觉、听觉信号等）的反应速度或采取移动目标练习（即运动员对移动目标迅速作出应答反应）、选择性练习（让运动员随着各种信号复杂程度的变化作出相应的应答动作）来提高运动员中枢神经系统的机能水平。

（2）位移速度训练的要求

在足球比赛中，球员经常会进行 5～7 米的起动和 10～30 米的冲刺跑，同时还有时刻改变方向以控制球和应对突然变化的情况，所以要求运动员必须掌握步频快、步幅小、重心低的奔跑技术。由于要做大量的起动、急停、变向、变速、转身等动作，要求运动员具有出色的瞬时速度、角速度、加速度、最高速度和制动速度，因此，腿部、腰腹力量是足球运动员必须要着重发展的部位。

在足球训练时，球员还必须使自己的神经系统尽快在一定范围内处于最兴奋状态，用最大的积极性来进行最大强度的重复练习，从而有效刺激和提高中枢神经兴奋与抑制的转换能力。在进行最大强度重复练习时，为保证每次练习运动员神经系统和能量供应均处于最佳状态，要严格控制好间歇时间。一般每进行 10 秒疾跑，间歇时间为 30 秒，组间歇为 6～8 分钟。

（3）动作速度训练的要求

提高足球运动员的动作速度，主要在于提高参与各种动作的肌肉爆发力和动作之间的衔接技术。只有通过力量训练和反复快速地完成各种技术练习，提高运动员有球和无球技术的熟练程度，才能在比赛中轻松自如、协调合理、快速准确地完成技术动作。此外，着重提高白肌纤维的体积和质量，增强肌肉的可塑性、可伸展性及肌肉群内部和肌肉群间的协调性等，也有利于提高动作速度。

3. 足球速度素质科学训练的影响因素

（1）反应速度训练的影响因素

①神经感受器的敏感程度：神经感受器越敏感，人体的反应速度越快。

②中枢神经系统的兴奋性：中枢神经系统的兴奋性高时，人体的反应速度快；中枢神经系统的兴奋性降低，如身体疲劳时，人体的反应速度慢。

③肌纤维的兴奋性：肌纤维的兴奋性高，人体的反应速度快；肌纤维处于疲劳状态时，人体的反应速度慢。

（2）动作速度训练的影响因素

①肌纤维的组成：快肌纤维的纤维粗，且在肌肉组织中所占的比例大，因而动作速度快。

②肌纤维的兴奋性：肌纤维的兴奋性高，动作速度快；肌纤维疲劳时，动作速度慢。

③肌肉力量：肌肉力量越大，肌肉克服内外阻力的能力越强，肌肉的收缩速度就越快。

④条件反射：条件反射建立的越巩固，说明个体的运动技术越熟练，动作速度就越快。

⑤体温：充分的热身活动能使人体的体温适度升高，从而减小身体内部的阻力，因而动作速度就会加快。

（3）位移速度的影响因素

足球运动员的位移速度由步频和步幅决定，而步频和步幅又分别受其他因素的影响。足球技术要求跑动时重心低、步频快、步幅小，因此发展步幅受到局限，提高步频是足球位移速度的主要发展方向。

①影响步频的因素：第一，大脑皮层运动中枢兴奋与抑制的转换速度；第二，各中枢神经间的运动协调能力；第三，肌肉组织中快肌纤维所占比例及肌纤维的粗细程度。

②影响步幅的因素：第一，肌肉力量。尤其是腿部力量、脚踝力量、髋关节力量、腰腹肌力量等；第二，关节的柔韧性。尤其是髋关节、踝关节的柔韧性；第三，下肢的长度。

（二）足球运动速度素质科学训练的方法

1. 足球专项速度素质的科学训练

①采用后蹬跑、单腿侧蹬跑、短距离转身跑、各种追逐球跑等，发展爆发力。

② 60 米—80 米—100 米的全速跑，加速跑，提高位移速度。

③各种姿势的起跑（10～30 米）。采用蹲踞式、站立式、侧身式、背向站立、坐地、坐地转身、俯卧、仰卧、滚翻式、原地跳跃（模仿跳起顶球动作）等姿势做起跑练习。

④利用快速小步跑、高抬腿跑、下肢跑和牵引跑等练习，促使运动员突破“速度障碍”，提高位移速度。

⑤在活动情况下的突然起动练习（5～10 米）：在小步跑、慢跑、高抬腿跑、侧身跑、颠球、顶球、传球等情况下，快速起动跑。

⑥在长约 20 米的距离内，设置不同距离间隔和有方向变化的标杆或锥体，让队员以尽可能快的速度做绕杆跑，发展队员绕过对手的快跑能力。

⑦在快速跑中看教练员手势，或抛球等信号，做急停、转身、变向、跳跃和翻滚等动作。

⑧抢球游戏：全队分为两排，相距 20 米，面对站立，在中间 10 米处画一条线，每隔 2 米放一球，队员依次面对球站好。当教练员发出信号后，双方快速跑上抢球，抢球多的一方胜。

⑨追球射门：队员 2 人一组，可分为若干组在中圈外的中线两侧站好，利用两球门同时练习，球集中于中圈教练员脚下。当教练员将球向一个球门方向踢出时，两侧队员快速起动追球射门。

⑩ 仰卧高抬腿：仰卧两腿快速交替作高抬腿练习，要求以大腿工作为主。这练习也可做抗阻力练习，如拉胶皮带，将胶皮带分别固定在肋木上和两脚踝关节处。以高抬腿拉力抗阻力，胶带固定的一端要低于垫子平面约 20 厘米，也可拉完胶带后再徒手练习，以提高动作速率。

⑪ 原地快速高抬腿或支撑高抬腿：站立或前倾支撑肋木或墙壁等，听信号后做高抬腿 10～30 秒，大腿抬至水平，上体不后仰。

⑫ 两侧移动：两个物体相距 3 米，高 1.2 米，练习者站中间，做左右两侧移动，用左手摸右侧的物体，右手摸左侧的物体。

⑬ 让距追赶跑：2～3 一组，根据速度水平前后拉开距离，速度快者在前，听信号站立式起跑后全速跑，后者追赶前者，前者别让后者追上。

⑭ 规定最高速度指标的练习：如在教练员限定的时间内快速完成传—接—传，运传—接—射门等动作，以建立快速动力定型。

⑮ 提高肌肉感觉的快速精确分析机能练习：2 人或多人一组，在连续奔跑中完成同一传接球练习。

⑯ 在较小场地内做 2 对 2 或 3 对 3 的传抢练习。

2. 足球速度素质游戏训练法

（1）运球追捕

在足球场内标出一块 30 米 ×30 米的游戏区域，准备 20 个足球，并将运动员分成人数相等的两队，每人一球，其中有一个队为追捕方，另一队为逃跑方。游戏开始，追捕方的队员运球并设法用手捕捉逃跑方的队员，逃跑方的队员则尽力躲避。被捕捉到的队员要离开场地，到场外练习颠球，直到本方所有人都被捉到为止。然后互换角色再进行游戏。按照捕捉逃跑方全部队员的时间长短来决定胜负，时间短的一方为胜（图 3-1-31）。

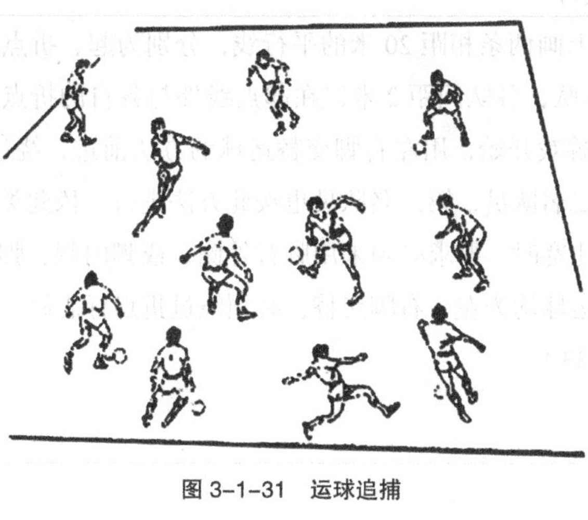

图 3-1-31　运球追捕

（2）曲线运球接力比赛

在足球场地上画两条相距 30 米的平行线，分别为起、折点。从起点线开始，每相距 6 米插一面标志旗，将运动员分成人数相等的 2～3 个队，听到哨音后，各队的排头向前运球，绕过标志旗回到起点线将球交给第二个人，依次进行。先完成的队为胜。标志旗可根据运动者的水平逐步增加。要求运球人必须绕过每个标志旗。接力的队员必须等运球队员将球运到起点线上才可接球，不可到起点线前接球，少绕则为失败或记一次犯规，犯规次数少者为胜。运球队员按要求的脚法运球。可限定用脚内侧、脚背外侧等脚法运球（图 3-1-32）。

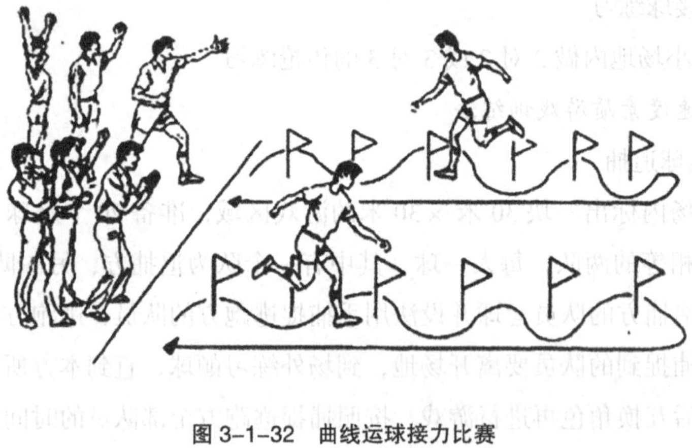

图 3-1-32　曲线运球接力比赛

（3）运球接力

在足球场地上画两条相距 20 米的平行线，分别为起、折点线。将学生分为人数相等的 2～4 队，各队间距 2 米，在起点线外与各自的折点对应站立。各队排头脚下持球。游戏开始，用左右脚交替运球的方法前进，绕过折点小旗返回，在起点线上交第二名队员，第二名队员也按此方法进行，依此类推。先完成规定轮次的队为胜。比赛时，要求必须采用脚背外侧（或脚内侧、脚背内侧）运球技术运球，且每次运球均为左、右脚交替，必须绕过折点标志旗，返回时在起点线外交球（图 3-1-33）。

图 3-1-33　运球接力

（4）“猎人打老虎”

在足球场地上画一个 20 米 ×20 米的正方形游戏区，选出 2～3 人为“猎人”。准备，“猎人”持球，其他游戏者“老虎”分散于场地内。开始，“猎人”在场内运球，伺机用球踢中“老虎”，被击中的“老虎”退出游戏，并罚做俯卧撑 10 次。全体参加学生均不得跑出游戏区。追击时，只准用球击对方的腿部（图 3-1-34）。

图 3-1-34　“猎人打老虎”

（5）抢球游戏

将运动员分成两排，左右两臂间隔，站在中线两侧 10～15 米处，在每两人中间的中线上放一个足球，当教练员发出信号后，队员立即冲上抢球，先用脚控制住球者为胜。每个人应站在限制线后，听到口令后方可起跑，否则判为失败。

（6）坚守一方

在足球场地上画一个直径为10～12米的圆，在圆心处画一边长为2～3米的正方形，准备足球一个。教练员指定或队员推选出4个人，分别站在正方形的各边线的外面做防守队员。其余学生分散站在圆圈外面做进攻队员。游戏开始，进攻队员尽量将球踢入正方形，则防守队员要尽力不让球从自己防守的一方踢入。若球从正方形的某一方攻入，则该方的防守队员与踢球的进攻队员交换角色，游戏继续进行。进攻与防守队员均不能踩线或越线，越线攻入的球应判为无效。如果越线防守则为失败，两人互换角色；进攻队员必须用地滚球的方式进攻，否则无效；防守队员可用身体的任何部位进行阻挡。

（7）惊弓之鸟

在足球场上，画一个直径为10～12米的圆圈。让队员手拉手，面向圆心站在线外，放开手后1～2报数。每人记住自己的数。游戏开始，全体沿逆时针方向做侧向并步跳。当教练员击掌两次后，双数队员立即跳进圈内，单数队员要用手去拍身边的人，不让其进圈；若教练员击一次掌，则单数队员跑进圈内，双数队员用手去拍。被抓住的人要站在圈的中间，停止一次游戏。其他人重新报数，继续游戏。要求在向侧并步跳时不得踏线或进圈；抓拍身边人时不得拉拽别人衣服，只能用手拍。

（8）丛林追捕

在足球场内将运动员分成人数相等的5～6队，横排平行站立，左右及前后均保持两臂距离，每排队员两臂侧举形成丛林通道。另外选两名队员，一名为追捕者，另一名为被追者，两人拉开一定距离。教练员发令后，游戏开始，两人在丛林通道进行追捕，被追者跑到通道的尽头后，可任意选择其他通道奔跑。当听到教练员鸣笛，做丛林的人同时向左转90°，使原来的横向通道变成纵向，被追者和追捕者应立即在变换方向的通道中继续追捕。若在追捕的过程中，追者追上前者并拍击，则两人互换角色；在一定的时间内未被追上则换人。

（9）开山修路

在足球场地上画4条长30米、宽1～1.5米的小路（跑道），分别在两端画两条起跑线，在中点作出标记，并将本队的5块小垫子砌成“山”，每人一条短跳绳。

将队员分成人数相等的 4 队，每队又分成两组分别成纵（斜）队站在起跑线后，每人手持一条短跳绳。游戏开始，各组的第一人跑出并绕“山”一周，跑回起点铺设“导火索”后迅速返回至起点拍第二人的手后站在排尾；第二人按第一人的方法继续铺设“导火索”，与前一人的“导火索”连接后返回起点拍第三人的手，游戏依次进行，当最后一人将“导火索”与埋设的“炸药”（小垫子的提手）连接后返回至起点，该组队员一起用力拉响“炸药”将“山”炸开，先炸开的组为胜。

（10）跑向安全岛

在足球场内画一个直径 9 米的大圆，大圆内再画一个直径为 3 米的小同心圆，大圆外为安全区，小圆内为安全岛，大圆与小圆之间的区域为追逐区。选 2～3 人为追逐者，站在追逐区内，其他人分散站立在大圆之外，游戏开始，圆外的人可以通过追逐区进入安全岛，但在通过追逐区时，如被追逐者追拍到，即与追逐者交换。进入安全岛或大圆外的安全区，追逐者则不能再追拍；不能站在安全区或安全岛内不移动，如出现这种情况追逐者可以“读秒”，数到 3 秒，如果其间无人换区，则可任意指定一个人与其对换（图 3–1–35）。

图 3–1–35　跑向安全岛

第二节　足球运动的心理素质训练

一、自信心、意志力和注意力的锻炼

实践表明，一名优秀的足球运动员必然具备良好的心理素质。其运动能力与智力、个性特征、训练和比赛中的心理状态、心理自我控制调节技能、社会心理特点以及心理障碍等存在密切关系。对足球运动员来说，自信心、意志力与注意力是成为优秀运动员必不可少的心理品质。

（一）自信心

测验证明，自信是优秀运动员所具备的典型性格特征。因此，培养足球运动员的自信心是足球运动训练的重要方面。

现代足球运动的不断变化与发展，其多样性、复杂性、变化性强的特点要求足球运动员在比赛中应具备良好的生理与心理承受能力，并经常受到胜负以及环境、社会等因素的影响。足球运动员自信心强，才能在复杂的运动过程中作出正确的判断与行动，从而促使比赛朝着积极的方向发展。

（二）意志力

意志是一种意识调节活动，表现为人能节制自己行为的能力。意志力具有目的性、顽强性、果断性与自制性特点。

意志力的目的性体现为，每次足球训练课与比赛都有一个与长期目标相联系的短期目标，足球运动员应充分发挥自身的最大潜能，克服种种困难去实现训练和比赛目标。

意志力的顽强性决定了足球运动员必须具备顽强的意志品质与敢于挑战的精神，才能够攀登足球高峰。

足球运动员意志力的果断性对完成训练和比赛任务具有重要作用。尤其在瞬息万变的足球比赛中，成败的交错瞬间会对心理产生干扰而影响正确行动的抉择。

意志力的自制性是足球运动员必须具备的意志品质。在足球比赛中，只有具

备自制性，才能约束自己的行为，最大限度地控制自己不受裁判、观众、场地、气候等因素的影响。

在足球运动训练中，教练员应有意识地培养足球运动员围绕某一特定目标克服种种困难和障碍的能力，锻炼和培养其优良的意志品质。需要注意的是，训练和比赛的目标要适宜，不可制定过高或过低的目标，否则不利于运动员意志力的培养。

（三）注意力

在足球比赛中，注意力对足球运动员来说尤为重要。注意力的特性主要包括注意力的范围、稳定性、转移以及注意力的分配。

足球运动员在完成技术动作、实施攻守配合时，应善于把握全场的局势与变化，并善于洞察对手和同伴的行动意图。这些都与足球运动员的注意力密不可分。

培养与提高足球运动员的注意力，需要从以下几点入手：第一，学会观察，将注意力逐渐从球上转移到球场上，从狭窄的观察面扩展到较宽广的观察面；第二，在形势较复杂的赛场上，对足球运动员注意力的分配进行有意识引导；第三，在赛前的复杂心境中，用正确的方法转移注意力，调节赛前的过度兴奋情绪，或者淡漠比赛的运动员的注意力，以提高其自我控制能力。

二、足球比赛的心理状态调控

（一）赛前的心理准备

研究资料表明，赛前心理状态的好坏，直接影响运动员技战术水平的发挥。

赛前运动员的心理状态可分为过分激动状态、赛前淡漠状态、赛前盲目自信状态和最佳战斗状态。前三种状态都需要合理的方法进行调整。赛前心理状态的调整方法主要有以下几点：

1. 明确比赛的任务与目标

目标的制定既有利于发掘足球运动员的潜力，又能使其快速接受。

2. 增强运动员取胜的信心

对于足球运动员来说，自信心是取得成功的重要基础。足球运动员应对比赛可能遇到的不利因素有足够的思想准备，通过认知训练帮助运动员正确评估彼我双方的力量，培养足球运动员敢于竞争与拼搏的精神，以良好的心理状态投入比赛。

3. 使运动员的情绪趋于最佳状态

对各种不利于比赛的情绪，运用心理调节训练的手段进行针对性调节，使运动员的情绪趋于最佳状态。

4. 激发运动员良好的比赛动机

调动运动员渴望参加比赛的积极性。但是还应当注意其动机过于强烈或注意力过分集中，都会导致精神紧张而影响技战术水平的发挥。

5. 分析状况

对足球比赛中的行动和思维程序进行表象演示，熟悉战术实施要求，分析可能遇到的困难与对策。

6. 赛前心理准备工作

做好赛前激活水平的最佳控制和对赛前过度兴奋、盲目自信、赛前淡漠等不良赛前心理状态进行合理调控，是赛前心理准备工作最重要的两个方面。

（二）赛中的心理控制

比赛时，主观和外部环境的各种刺激都会对足球运动员的心理稳定性产生一定的影响。

有良好的心理稳定性是足球比赛取得成功的保证。生理因素、刺激因素、认知因素对足球运动员的情绪和情感都会产生一定的影响，其中认知因素起着关键性的作用。

1. 生理因素的影响与调控

在很大程度上，情绪受植物性神经系统的机能水平、内环境的平衡、骨骼肌的紧张度以及疲劳、伤病等因素的影响。而心理调节手段是对生理内部的刺激压力进行控制的有力手段。

2. 刺激因素的影响与调控

如观众、比赛环境、气候条件都会直接或间接地通过感官刺激足球运动员而影响其情绪。降低足球运动员对外界刺激的感受性，使注意力集中在技战术运用上，是提高运动员在比赛中心理稳定性的有效手段。

3. 认知因素的影响与调控

一般认知因素来自大脑的各种中枢信息，特别是对过去经验的回忆。如受失败等不良情绪的影响，比赛时足球运动员表现出焦虑和急躁。用积极的想象来抵御消极的想象，是控制认知因素影响的重要方法，如语言鼓励、自我暗示与安慰等。

（三）赛后的心理调整

足球运动员会对比赛结果产生积极或消极的心理活动。因此，教练员需要帮助运动员分析赛后的心理状态，并采取必要的措施加以调整，化消极因素为积极因素。赛后安排积极性的休息以及对不同状态进行心理咨询，端正态度，分析其成败的经验教训。化解消极因素，鼓励积极情绪，是比赛后进行心理调节的主要方面。

三、训练心理素质的方法

（一）集中注意力训练

足球运动员约束、强制自己全神贯注于一个明确的目标，不因杂念分散注意力是集中注意力训练的目的。意愿的强度、意愿的延续性、注意力的集中强度和集中的延续四个方面组成了注意力集中的能力。培养集中注意力能力的方法如下：

第一，锻炼集中注意力的能力，采取意守某一点的气功练习或视觉、听觉守点的练习。

第二，足球心理训练过程中将感觉专注于某一点并达到忘我的情境，有利于培养练习与比赛中专注的能力。

第三，听技战术要领、观看技战术后进行复述练习，养成足球运动训练中集中注意力的习惯。

第四，教练员用提示语、警示语培养队员集中注意力的习惯。

第五，日常训练中注意排除各种心理干扰因素的影响，避免练习中的情绪波动。

（二）自我暗示训练

通过有效的自我暗示、自我诱导、自我放松达到心理训练，是自我暗示的主要目的。自我暗示依靠意念与语言对自己的行动进行控制和约束，以调整情绪、排除不安、焦虑和烦恼等不良心理影响，坚定信念，增强意志力。

（三）放松练习

放松练习是通过意念和呼吸，使全身肌肉得到充分放松。放松练习这种“外松内静”的效果，有助于足球运动员的肌肉获得充分放松、平静心绪、降低大脑皮层的兴奋度、克服紧张或烦躁不安的情绪。

（四）念动训练

念动训练又称为动作表象训练，是运动员有意识、有次序地在脑中重复再现原已成形的运动动作表象。运动员在足球比赛前进行技术或战术配合中的表象体验，可对运动器官的动员起到有效的促进作用，从而较好地完成技术动作与战术行动。

（五）心理反馈训练

心理反馈训练是指通过专门的仪器，以声光信号来识别自己生理功能变化的状态，并将这种状态与自身的感知觉联系起来，并通过训练逐步学会根据反馈信息调整自身机能能力，以充分动员与发挥机体能力的状态。尤其通过调节植物性神经系统的功能、内脏功能、心率、肌电和血压等，从而改善情绪状态。

（六）模拟训练

模拟训练是指尽可能将训练安排得与面临的比赛条件相似的一种实战心理训练方法。模拟训练有助于在不同的比赛条件下适应比赛环境，使临场达到良好的竞技水平。比如适应对手的技战术特点，适应赛场的观众偏向对手的比赛氛围等。

第三节　足球运动的技术训练

一、踢球技术训练方法

（一）脚内侧踢球

采用直线助跑的助跑方式，注意加大助跑最后一步的步幅。

支撑脚的位置为球侧，距离足球 12～15 厘米的距离。

支撑脚落地的同时做前摆动作，由大腿运动的力量带动小腿；踢球腿稍微向外伸展，膝盖微微弯曲，使两脚之间呈垂直的状态。

当膝关节前摆到达足球上方的位置的时候，小腿前摆的速度加快，然后用脚的内侧部位击球，同时向前送髋，身体也随着髋部的移动而向前移动。

以脚内侧踢定位球为例，其具体动作如图 3-3-1 所示。

图 3-3-1　脚内侧踢定位球

（二）脚背正面踢球

采用直线助跑方式，加大助跑最后一步的步幅。

支撑脚采用滚动式落地方式，落地的位置为足球的侧面，距离足球 10～12 厘米的位置，脚尖的方向和击球的方向保持一致，腿部微微弯曲。

踢球腿做后摆的动作，小腿向后弯曲，以膝关节为轴大小腿折叠。

以髋关节为轴，踢球腿利用大腿的力量带动小腿，做前摆动作。

当踢球腿的膝关节摆动到足球的正上方时，小腿以膝关节为轴向前伸展，快速做前摆动作，脚背迅速对准足球的后中位置，用力击球，同时身体前倾移动。

以脚背正面踢定位球为例，其具体动作如图 3–3–2 所示。

图 3–3–2　脚背正面踢定位球

（三）脚背内侧踢球

从与出球方向成 45° 角的位置斜线助跑，助跑最后一步的步幅加大。

支撑脚采用滚动方式落地，落在足球的内侧后方，距离足球 20～25 厘米的位置，脚尖指向和出球的方向保持一致，同时支撑腿以膝关节为轴微微下蹲。

支撑腿落地的同一时间，踢球腿由大腿力量带动小腿做前摆动作。

当踢球腿前摆的位置和支撑腿呈平行状态时，踢球腿小腿大力加快摆动的速度，同时脚尖向外转动，脚背绷直，用脚背内侧击球。当击球的位置为球的后下部位的时候，球则被踢至空中成为空中球；当击球的位置为足球的后中部位的时候，球被踢出的位置则比较低，一般称为低平球或者滚地球。

以脚背内侧踢定位球为例，其具体动作如图 3–3–3 所示。

图 3–3–3　脚背内侧踢定位球

二、头顶球技术训练方法

（一）原地前额正面头顶球技术

1. 确定顶球时机和部位

队员手中持球，在离墙大概 3 米的地方面对墙站立，双脚一前一后分开。

开始进行练习时，队员将球向头部上方抛起 1.5～2 米的高度，然后双臂向两侧伸开与地面平行，双腿以膝盖为轴向下弯曲，身体呈微微成下蹲状。

视线始终集中在足球上，当足球向下落到和前额平行的位置的时候，站在后面的脚用力蹬地，身体收腹同时做前摆动作。用前额正面击球，击球的部位为足球的后中部位。

2. 抛顶球

以两个人为一个小组，两人面对面站立，中间的距离大概为 5～6 米，一人手中持有足球。

进行练习时，一个人向上方抛球，另一人练习顶球。轮流交换，练习内容相同。

3. 连续头顶传球

以两名队员为一组，面对面站立，中间距离为 3～4 米，一人手中持有足球。

持球者将手中的足球向上抛起，一人顶球并将球传给对方，对方同样顶球并将球传回来，多次进行练习。

原地前额正面头顶球技术的具体动作如图 3-3-4 所示。

图 3-3-4　原地前额正面头顶球技术具体动作

（二）跳起头顶球

1. 跳起后在最高点前额正面头顶球

三人为一个小组，两人之间的距离为 6～8 米，其中一人手中持球，一人为防守队员。

进行练习的时候，持球者将手中的球向上抛起，防守队员跳跃拦截，一名队员跳起用头顶球。三人交换位置反复进行练习。

该训练中队员的起跳方法包含以下两种：

（1）双脚原地起跳

准备姿势为双腿稍微弯曲下蹲，将身体的重心下移。之后双脚用力蹬地，借助蹬地产生的力起跳。起跳的同时两臂从肘关节处弯曲，做上摆动作。身体上升的同时双臂朝前自然伸开，展腹挺胸，身体后仰呈背弓状，视线集中在来球上。当来球到达前额时，迅速收腹并做前摆动作，用前额击球，击球位置为球的中后部位，双腿做前摆动作。击球成功后，腿部从膝盖和脚踝处弯曲，跳跃两次，缓冲落地。

（2）跑动中单脚起跳

对来球的路线、速度等因素进行分析判断，并确定合理的顶球位置。通过跑动的方式到达顶球的位置，助跑的最后一步步幅加大，一只脚蹬地起跳，另一只脚屈膝向上摆动。其余步骤同双脚原地起跳。

原地前额正面头顶球的具体动作如图 3-3-5 所示（双脚原地起跳）。

图 3-3-5　原地前额正面头顶球技术具体动作（双脚原地起跳）

2. 前额侧面头顶球

击球的部位为前额侧面，因此抛球队员在抛球的时候注意使球在空中形成一定弧线，与接球队员保持一定的角度。

位于来球方向一侧的腿蹬地起跳，支撑腿的前脚掌向着来球的方向旋转并带动身体向同方向旋转，颈部发力向出球方向转头，用前额侧面击球，击球的位置为足球的后中部位。

其余动作同原地前额正面头顶球。

前额侧面头顶球技术的具体动作如图 3–3–6 所示。

图 3–3–6　前额侧面头顶球技术具体动作（双脚原地起跳）

（三）跃起顶球

四个人为一个小组，一人负责抛球，另外三人练习顶球。轮换位置，反复练习。

顶球队员将视线集中在来球上，对来球的路线和落点进行分析判断，确定顶球的理想位置，跑动到理想位置。

单脚蹬地起跳，同时双臂向前摆动，身体跃起，利用身体的水平冲力将球击出。

击球后，两臂屈肘伸手撑地，随后胸、腹和大腿依次缓冲着地。跃起头顶球技术的具体动作如图 3–3–7 所示。

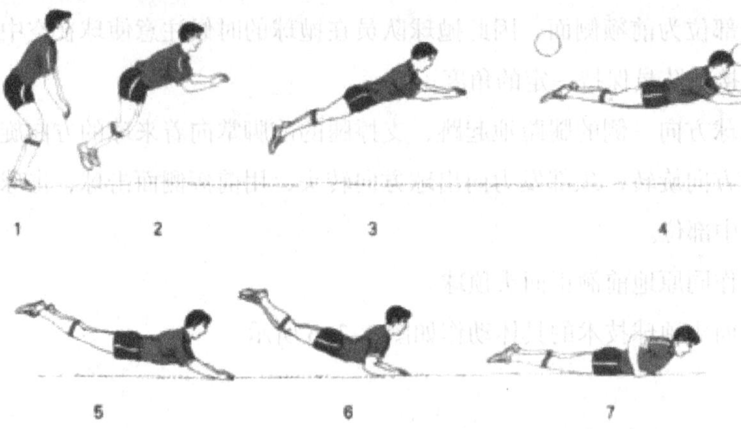

图 3-3-7　跃起头顶球技术的具体动作

三、运球过人技术训练方法

（一）运球跑动接脚内侧扣球转身

六名队员为一个小组，每人持一球，六人围成一个圆圈站立，两人之间的间隔为 5～6 米。

练习时，六名队员同时向圆心直线运球，当接近圆心时以右或左脚前脚掌为轴转体 180°，膝关节微屈支撑身体，同时用左脚或右脚内侧部位扣击球的后中部，转身运球回到练习起点。

（二）脚背外侧拨球过人

六名队员为一个小组，其中四人为持球队员，成直线站立，另外两名队员为防守队员，与持球队员成斜线站立。

练习时，第一名持球队员向前运球，防守队员从左侧方逼近持球队员，并从持球队员脚下抢球。

在防守队员逼近时，持球队员用右脚从球的右外侧向左外侧斜前方绕过虚晃，并用右脚脚背外侧向右侧拨球过人。

持球队员继续向前运球，第二个防守队员从其右侧方向其逼近，并试图从其脚下抢球，持球队员以同样的方式拨球过人。

各队员轮流交换位置和角色进行反复练习。

（三）假踢外拨运球过人

三名队员为一组，其中一人为防守队员，另外两人为持球队员。共需三个小组，小组之间呈三角形站立，防守队员和持球队员相对站立。

持球队员直线运球前进，防守队员逼近持球队员并试图抢球。持球队员向两侧做假踢动作，趁防守队员跟着假踢动作移动时，持球队员快速从防守队员移动的相反方向拨球过人。

持球队员完成拨球过人动作之后快速运球到其他队伍后面准备下一次练习。队伍之间、各个小组队员之间轮流交换位置，重复练习。

（四）横拉外拨运球过人

六名队员为一组，四名为进攻队员，两名为防守队员。进攻队员中，两人持球站在队伍前面。

练习时，第一名进攻队员运球向前，当被防守队员逼近时，踢球脚将球向支撑脚的方向拉近，同时脚随着足球的滚动而移动，当脚到达足球的内侧下方时，进攻队员立刻快速向外侧拨球并继续开始跑动。

第一名进攻队员完成过人练习之后转换到防守队员的位置，并开始进行防守抢球；被替换的防守队员到进攻队伍排队等待练习。

第二名进攻队员开始进行过人练习。依次交换位置和角色，进行重复练习。

四、抢截球技术训练方法

（一）正面跨步堵抢

抢球队员两腿前后分开站立，微微下蹲，降低身体重心。

抢球队员不断逼近运球队员，当两者之间的距离仅为一大步的时候，抢球队员瞄准足球落地的时机，位于后面的脚用力蹬地，同时另一只脚迅速向前跨步，并用脚内侧截球。前面的脚做完堵截动作之后，后面的脚迅速向前迈进。

当抢球队员和两位运球队员同时堵住球的时候，抢球队员要迅速将后面的脚移动到前面做支撑脚，同时用堵球脚护球并快速将球向上提拉，使球从运球队员的脚面迅速滑过。

正面跨步堵抢技术的具体动作如图 3-3-8 所示。

图 3-3-8　正面跨步堵抢技术的具体动作

（二）合理冲撞抢球

抢球队员逼近运球队员，与运球队员并肩跑动追球。

抢球队员刻意将身体重心降低，靠近对手一侧的手臂紧贴身体，抓住对方同侧脚离地的时机，用肘关节以上部位适当冲撞对手同样部位，使对手身体失去平衡，趁机将球控制住。

合理冲撞抢球技术的具体动作如图 3-3-9 所示。

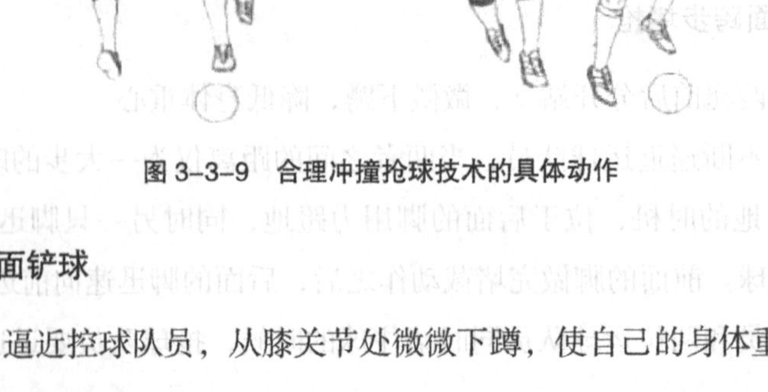

图 3-3-9　合理冲撞抢球技术的具体动作

（三）正面铲球

抢球队员逼近控球队员，从膝关节处微微下蹲，使自己的身体重心降低。

抢球队员把握控球队员脚接触到球但是还没有落地的时机，双脚贴着地面做滑铲动作将球击出，然后双手扶着地面向一侧做翻滚动作，之后迅速从地面起身。

（四）同侧脚铲球

分析双方距离足球的距离，如果发现对方无法立即接触到足球，则把握时机，使用自己远离足球一侧的脚用力蹬地，借助蹬地的力量使自己身体跃出。

接近足球一侧的脚贴着地面向前滑出，并同时向足球做摆踢动作，用脚背外侧或者脚尖击球，将足球击出，使其远离控球队员。

身体向接近对手的方向做翻转动作，双手撑地，快速起身继续接下来的抢截动作。

（五）异侧脚铲球

当发现自己和对手都与足球有一定的距离并且无法用正常的姿势立即接触到足球时，在分析自己和足球的距离的基础上，用接近足球一侧的脚用力蹬地，借助蹬地产生的力使身体向前跃出。

远离足球一侧的脚沿着地面向前做滑铲动作，用脚底部位击球，使其远离对手。

身体一侧着地，顺序依次为小腿、大腿、手，然后用手撑地起身，或者身体向远离足球的一侧做翻滚动作，然后双手撑地快速起身为接下来的抢截动作做准备。

异侧脚铲球技术的具体动作如图 3-3-10 所示。

图 3-3-10　异侧脚铲球技术的具体动作

第四节　足球运动的战术训练

足球战术的定义就是在足球比赛时，为了战胜对手根据实际情况所采取的个人或者集体配合的方法和策略。它与运动员的身心素质和技术能力紧密相关。本节具体研究足球运动进攻战术训练、足球运动防守战术训练。

一、足球运动战术训练要求

“足球比赛的战术必须以多面、多变、巧妙为基础保障。现阶段，足球比赛对战术应用的要求以流畅、规范为主，这就要求足球运动员既要有应用战术的意识，还要有运用战术的能力。”[①] 因此，足球运动训练具有十分重要的作用，针对现代足球战术训练的要求主要有以下四个方面：

（一）战术练习方法

练习方法要具有系统性；选择多种方式进行练习，避免练习单一；经常进行来自实际的对抗练习，小组或者局部的对抗训练，小型或者全队比赛的实战训练。

（二）身体素质训练

进行科学训练，制订合理的训练计划，对特殊情况（身体不适、有运动损伤史，女运动员经期等）身体素质不达标者，要详细了解情况后制订战术训练计划。

（三）精神训练方面

通过训练改善球员的注意力、行为等，在每段练习后要适当放松，达到松紧结合；要发展球员的竞争意识，有竞争对手，有时间限制，联系实际，在比赛中达到自觉地培养竞争意识的效果。

（四）战术训练的目的与效果

在战术训练期间增加球员的战术意识；并形成具有球队特点的独特风格；同时增强个人与球队在比赛中的有效性；提升球员的集体责任感。

① 郝纲．体能视角下足球运动员不同战术训练方法研究 [J]．青少年体育，2020，（2）：48-49，47.

二、足球运动进攻战术训练实践

（一）个人进攻战术及其训练

1. 个人进攻战术

个人进攻战术是指在比赛中为了战胜对手而采取的符合整体进攻目的的个人行动。运动员在个人进攻战术包括传球、射门、运球突破和摆脱跑位等。运用个人战术的水平直接影响着局部和整体的进攻战术质量。有时因为一个人的失误，可能会造成整个队的进攻战术被对方瓦解，致使比赛失利，因此，个人进攻战术的中心理念就是要保证个人技术水平及各方面的素质和能力都达到一定的水平，从而更好地提升整个团队的战术水平。

（1）摆脱

当队员得球后，要发动一次进攻，同队的队员的任务就是摆脱对手的紧逼，或制造宽度，造成空档，给有球同伴创造多条传球路线，把进攻推向对方球门区，争取射门进球。在对手紧逼的情况下，多数的跑位都要采用摆脱的动作。

摆脱对手紧逼的方法可以采用突然起动、冲刺跑、急停、突然变向、变速和假动作。但应明确摆脱的目的是拉出空档，制造有利的传球位置。摆脱方法的运用如图 3-4-1 所示。

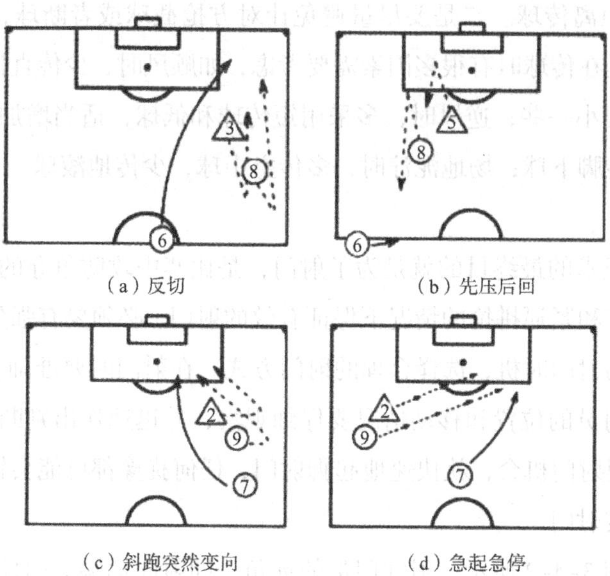

（a）反切　（b）先压后回

（c）斜跑突然变向　（d）急起急停

图 3-4-1　摆脱

准：图中△表示防守方，○表示进攻方，实线表示传球线路，虚线表示队员无球状态下的跑动线路。

（2）跑位

跑位就是有目的地跑向有利位置或空档。一场90分钟的比赛，一个队员控制球的时间一般不超过两分钟，大量时间都在不断地跑动，由此可见跑位的重要性。有人说，会踢球的人非常能跑，而且是会跑的人。这句话是有道理的。

（3）传球

传球是组织进攻、变换战术和创造射门机会的有效方式。选择传球目标，准确把握传球时机，控制传球力量、落点与旋转是传球的主要战术内容。传球是比赛中运用最多的技战术手段。运动员在接球后，多半是传给同伴，而控球权也是通过传接球激烈争夺所获得的，比赛胜负的关键在于球队的传球水平。

传球的目的要明确，运动员要具备快速反应和判断能力。传球的方式主要有两个：一个是传向同伴脚下，另一个是有利于同伴的空档传球。在比赛中，为了灵活应变赛场上的战术变化，通常会结合多种传球方法，如横传、回传等，增加了比赛激烈程度。在比赛时还要掌握好传球的时机，默契的配合、恰当的传球力度和落点是成功传接球的关键。

传球时要注意：一是中距离传球可以加快进攻推进速度，失误又相对较少，所以多采用中距离传球。二是要尽量避免让对方抢截球或者断球，要抓到时机，迅速传球。三是在传球时有很多因素需要考虑，如顺风时，少传直接球和长传球，传球的力度也要小一些；逆风时，多采用短传球和低球，适当增加传球力度；下雨地滑时，多传脚下球；场地泥泞时，多传空中球，少传地滚球。

（4）射门

组织进攻战术的最终目的就是为了射门，是比赛中攻防争夺的焦点。如果想在对方严密防守和紧逼拼抢的情况下保证有效的射门，必须要有强烈的射门欲望，善于抓住瞬间的射门时机，选择合理的射门方式。在射门时要准确、突然、有力；射门前，对守门员的位置和移动情况要仔细观察，并迅速作出判断，选择好射门角度，一旦出现射门机会，就快速地起脚射门，任何犹豫都可能会错失射门良机；要力争抢点直接射门。

第一，如图3-4-2所示，射守门员的远角，即射向远端球门柱的A，比射守门员的近角即近端球门柱的B，会使守门员更难扑救。

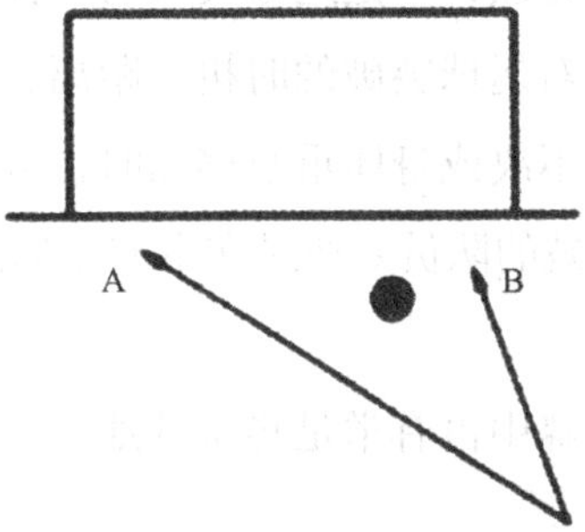

图 3-4-2　远端射门

第二，如图 3-4-3 所示，守门员移动到 B 点比到 A 点快，如加上倒地需要的时间，A 点比 B 点更远。所以，射低球进球机会更多。

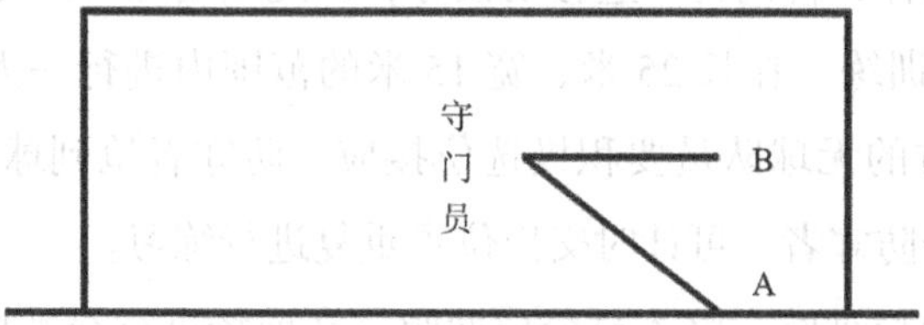

图 3-4-3　射低球

在执行射门战术时要注意，一是射门战术的核心观念是“快”“准”，所以射门动作要快，射向目标要准；二是在前场罚球区附近的持球队员首先要选择射门；三是在前场的持球者面对只有一位防守者防守时，而且暂时没有本方队员接应时，坚决进行突破射门。

（4）运球突破

随着防守技战术的提高，运球突破技术运用难度增大，而其战术作用也相应加大。特别在对方罚球区附近，要鼓励队员使用快速而娴熟的运球突破技术，摆脱对手逼抢，创造出有利的空档和射门机会。

要根据对手的不同特点采用不同的运球突破方法。如对手速度较慢可采取变速突破，对手喜欢封堵路线，可以利用变换运球方向与动作突破等与被突破者保持适当的距离。一般以抢球者能触到球，但要稍远于运球者的距离为宜。

运球突破时要注意：一是既要鼓励队员在前场敢于逼近对手运球突破，又要使队员掌握几种过硬的运球突破方法和技巧；二是要对对手了如指掌，根据不同特点的选手运用不同的突破方法；三是运球突破时要控制好球，一旦突破，要不失时机地传球、射门；四是对运球突破的时机、距离、方向要掌握好。在对手抢截范围半径外，当对手犹豫不决或身体重心移动时，从其身体重心移动的反方向果断运球突破；五是运球突破的队员要切忌在本方后场滥用运球突破。

2. 个人进攻战术训练

个人进攻战术在足球比赛中占有举足轻重的地位，个人进攻战术主要有以下几种训练方法：

第一，最重要的是对传球目标选择的训练，要注重培养队员观察、与同伴呼应等技巧。随着练习的熟练，可以增加练习用球的数量和限制触球次数。

第二，移动接球训练。接应队员避开障碍物旗杆，向两边空档接同伴的传球。接球后再回传给同伴，再向另一边移动接球，以此重复练习。可定时交换练习。

第三，一抢二训练。在长 25 米、宽 15 米的范围内进行一人抢球，二人传控的练习，控球一方的无球队员要积极选位接应。防守者抢到球即成为控球一方，由失误的队员担任防守者。可计时交换位置重复进行练习。

第四，交叉换位训练。将人员分成两组，在前场进行交叉换位跑动，队员 A 与队员 B 交叉换位后接队员 C 的传球，再进行配合射门。

第五，第二空档跑位训练。接应者队员 A 快速跑向由同伴队员 B 拉出的第二空档接队员 C 的传球射门。

（二）局部进攻战术及其训练

1. 局部进攻战术

足球局部战术训练是提高比赛过程中局部战术的配合的最主要方法，局部配合是集体配合的基础，因此，要想取得最后的比赛胜利，局部进攻战术训练有着很重要的作用。局部配合是局部区域的 2 个或 3 个队员相互配合，无论多复杂的进攻战术或者多少名队员参加进攻配合，都是由 2 人或 3 人的配合组成，在比赛中的任何场区与时间，都可以进行二过一或者二过二配合，所以二过一或二过二战术配合质量是由球队的战术水平决定的。在比赛过程中掌握好对抗情况下高质量运球战术的能力，能够非常有效地提高本队的战术水平。

（1）传切二过一配合

在局部进攻中，最常用的就是传切配合，它指控球队员将球传给切入的进攻队员的配合方法。传切配合的形式有局部传切配合和转移长传切入配合。

局部传切配合按传切的线路可分为：

一是直传斜切（图 3–4–4）。

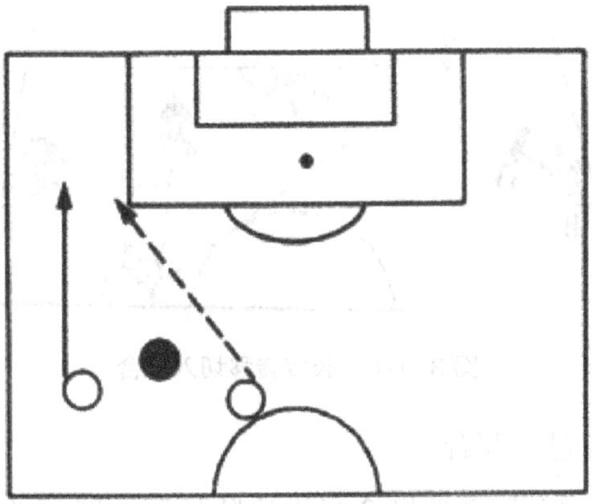

图 3–4–4 直传斜切

二是斜传直切（图 3–4–5）。

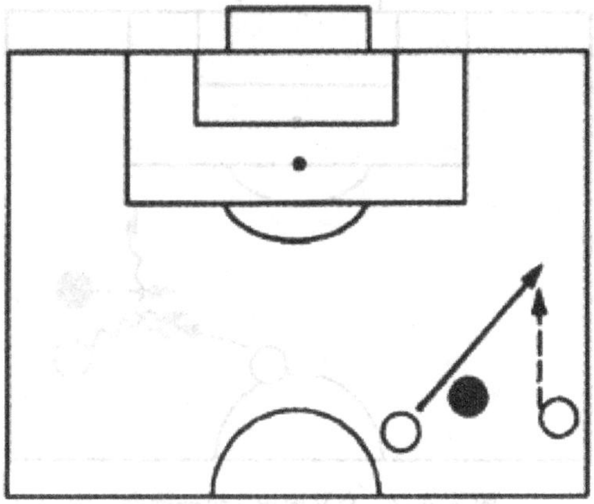

图 3–4–5 斜传直切

图中所述的两种战术是只通过一次传球和切入就越过一名防守队员。配合十分简洁和实用。在进行配合时，两名进攻队员要保持适当的距离。控球队员可采用运球或其他动作，诱导防守者上前阻截。

三是长传转移切入配合。

这种配合的具体运用是：一侧进攻受阻，长传转移到另一侧，切入队员得球后展开进攻（图 3–4–6）。

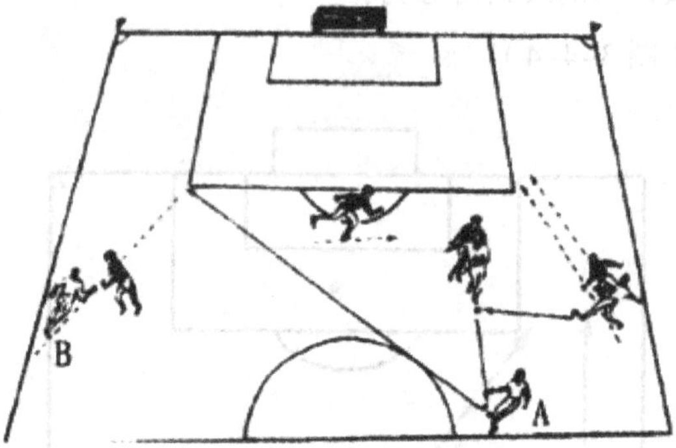

图 3–4–6　长传转移切入配合

（2）交叉掩护二过一配合

交叉掩护配合是指在局部地区 2 名进攻队员在运球交叉换位时，以自己的身体掩护同伴越过防守队员的配合方法（图 3–4–7）。

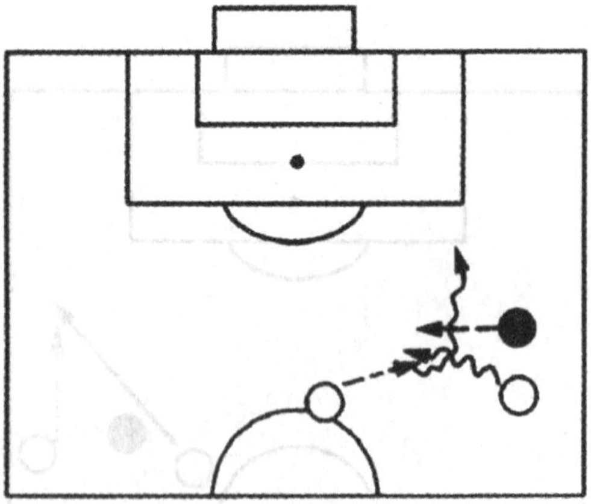

图 3–4–7　交叉掩护二过一配合

（3）“三过二”配合

在局部进攻战术中“三过二”是指 3 个进攻队员通过连续配合突破 2 个防守者的防守。一是如图 3–4–8 所示，⑦持球，⑥假接应，⑨斜插把防守支开，⑥插上至⑨制造出的空档接⑦的传球，突破防守。

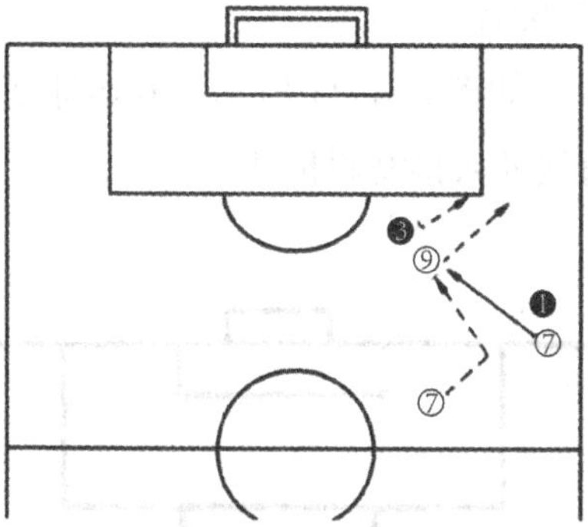

图 3-4-8　“三过二”配合

二是如图 3-4-9 所示，⑨向后跑动接球，再将球传给⑥，⑦假动作并伺机从内线切入接⑥的传球，突破防守。

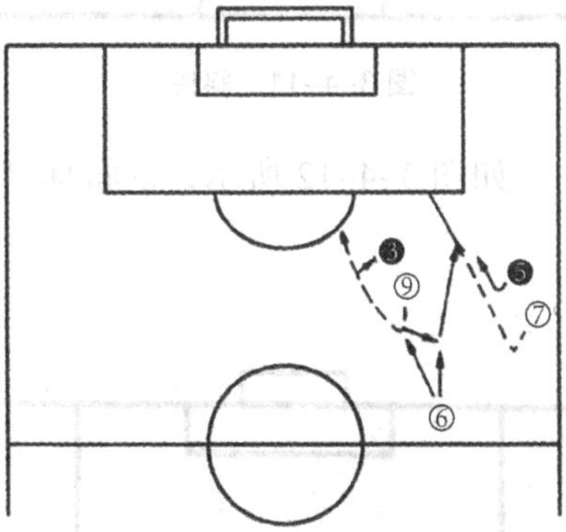

图 3-4-9　传球，突破防守

三是连续二过一。连续二过一至少由两组二过一配合组成（图 3-4-10）。

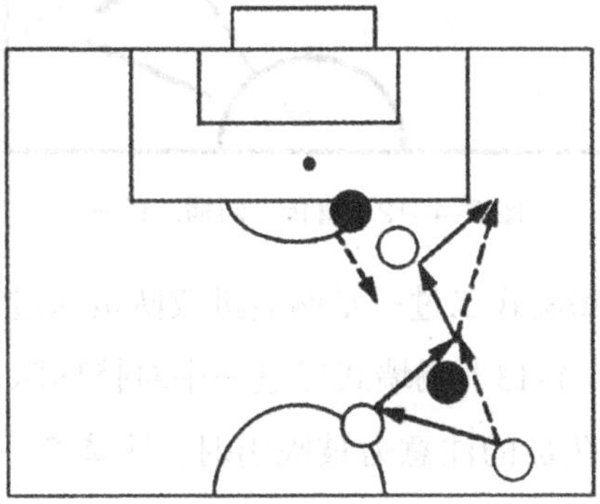

图 3-4-10　连续二过一

（4）其他“二过一”配合

①斜传、直插二过一。如图 3–4–11 所示，⑥运球前进并吸引对手上前逼防，⑥斜线将球传给⑨，⑥直线插入接⑨斜传球。

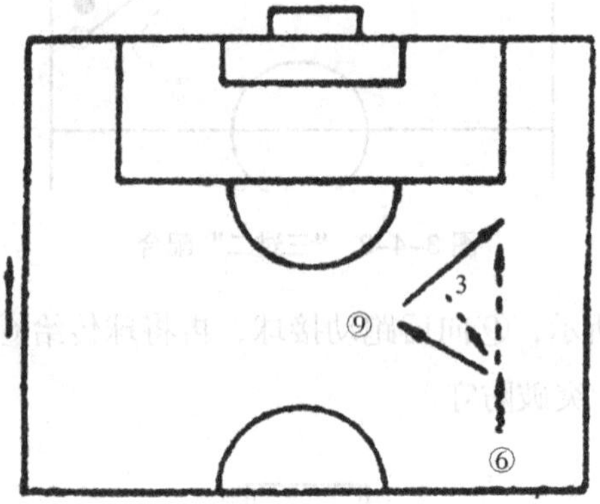

图 3–4–11　斜传

②直传、斜插二过一。如图 3–4–12 所示，⑤将球斜传给⑦，⑦再直传球给斜线插入的⑤。

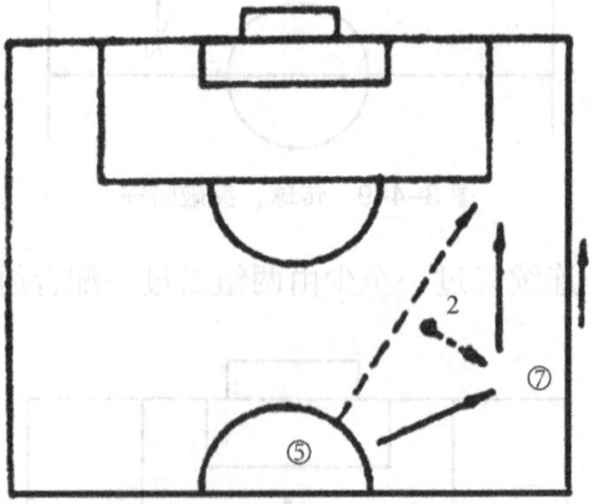

图 3–4–12　直传、斜插二过一

③踢墙式二过一。踢墙式二过一是两名进攻队员通过两次传球越过一名防守队员的配合方法。（图 3–4–13）踢墙式二过一中对持球队员的要求有：故意带球逼近防守队员，当防守队员的注意力被吸引时，距离 2～3 米处迅速传球；传球方式最好选择地滚球，力量适度，方向准确；传球后立即快速插入，准备接球。

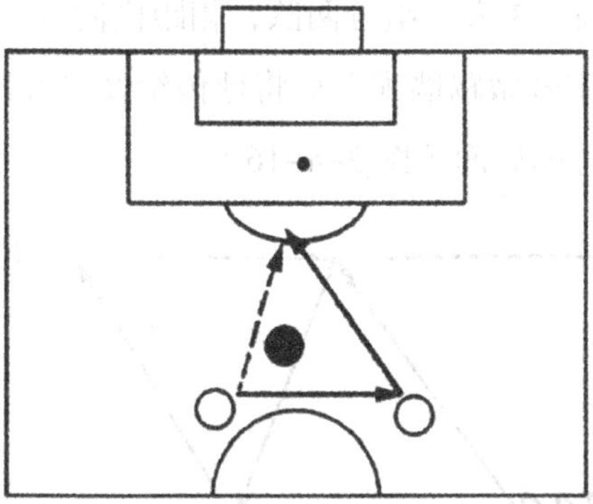

图 3-4-13　踢墙式二过一

④回传反切二过一。回传反切二过一是通过三次传球组成的配合方法（图 3-4-14）。

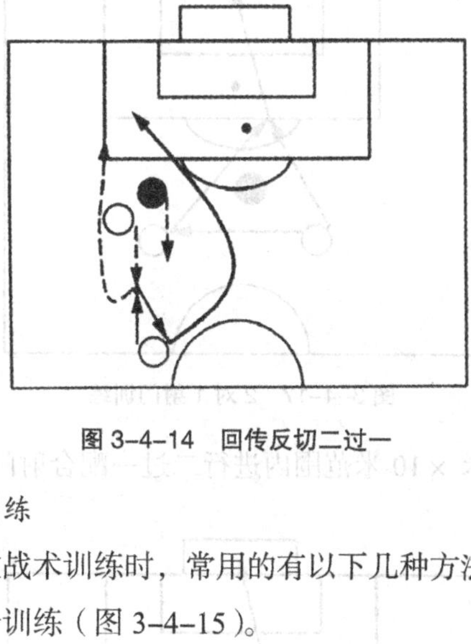

图 3-4-14　回传反切二过一

2. 局部进攻战术训练

在进行局部的进攻战术训练时，常用的有以下几种方法：

① 2 人踢墙式配合训练（图 3-4-15）。

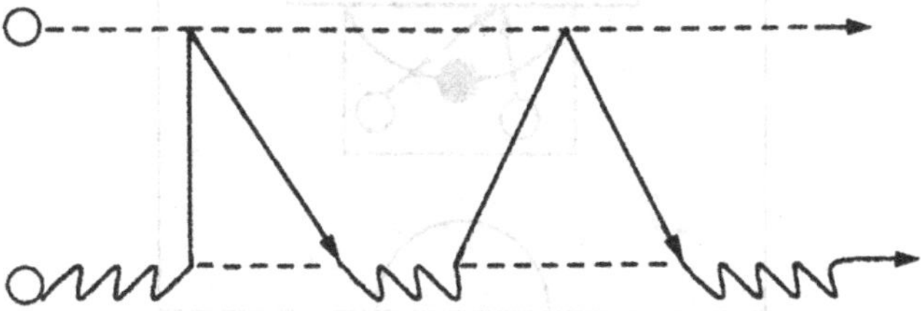

图 3-4-15　两人踢墙式配合

②3人2队踢墙训练。3人一组分两队，相距横向5～8米，纵向15～20米，进行训练。④号运球与①号做踢墙配合后将球传给②号并跑到③号的后面，①号做完踢墙配合后跑到⑥号的后面（图3–4–16）。

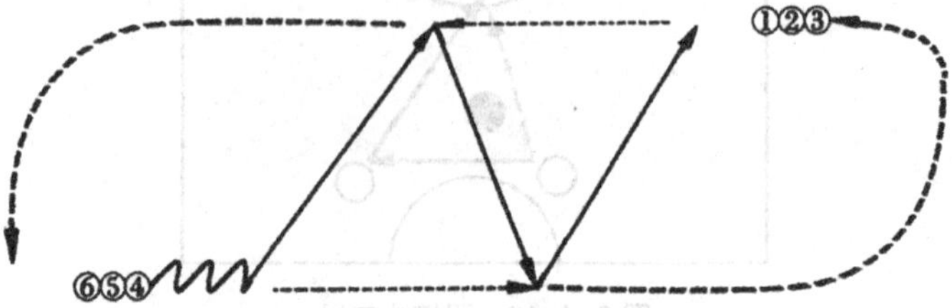

图3–4–16　三人两队踢墙训练

③各种2对1射门训练（图3–4–17）。

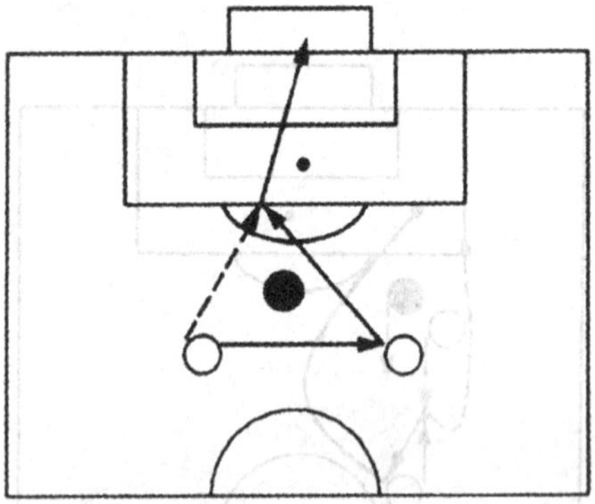

图3–4–17　2对1射门训练

④在罚球区前10米×10米范围内进行二过一配合射门练习（图3–4–18）。

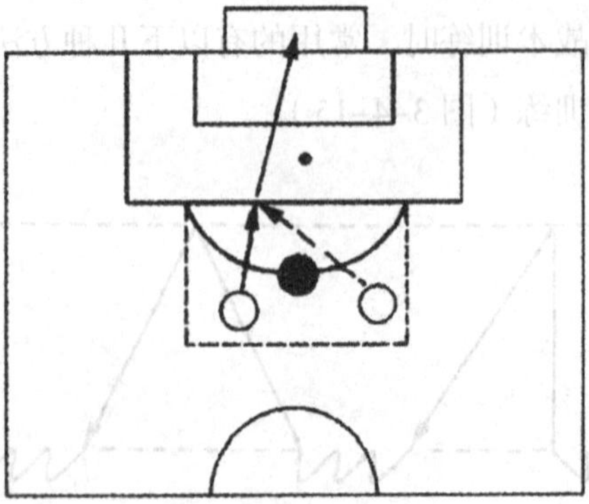

图3–4–18　二过一配合射门练习

⑤2 对 2 训练。在 10 米 ×20 米场地上设两个门球进行 2 对 2 练习。防守方需有一人为守门员，在规定时间里互相开展攻守。

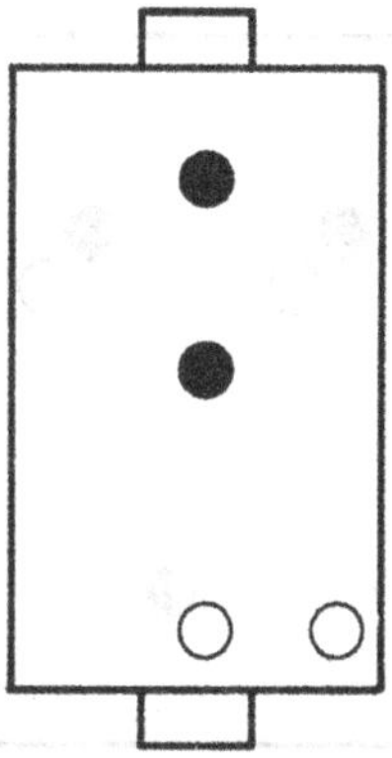

图 3-4-19　2 对 2 训练

⑥如图 3-4-20 所示，连续进行二过一练习。

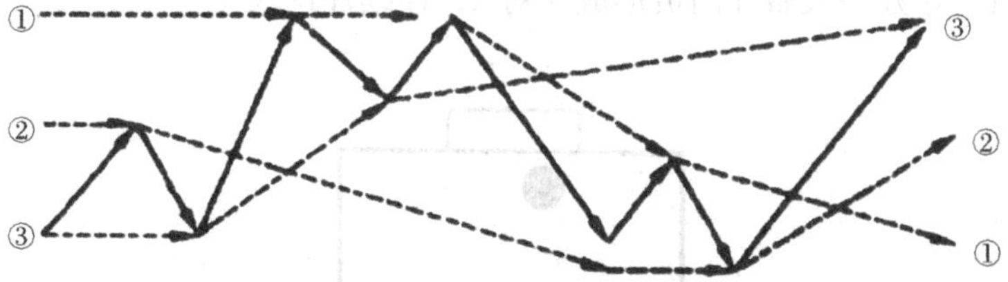

图 3-4-20　连续二过一练习

⑦进行打第二空档训练。如图 3-4-21 所示，①号持球与②③号呈三角形，相距 10～15 米。③号向第一空档扯动，①号将球传向③号扯动后留下的空档，②号插入空档接球。这时②号持球①号向原②号位置上扯动，②号将球传到原①号位置上，③号插入空档接球。

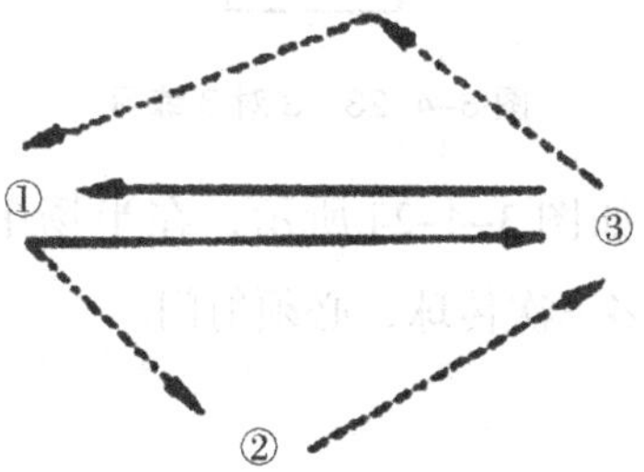

图 3-4-21　打第二空档训练

⑧2对2加中间人练习。如图3-4-22所示，在20米×20米的方块场地进行2对2加一名中间人练习。中间人协助一方形成3对2。

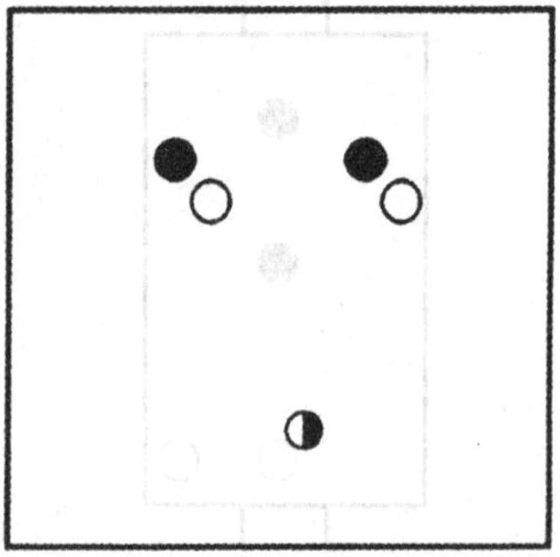

图3-4-22 2对2加中间人练习

⑨3对3练习。如图3-4-23所示，在20米×30米场内进行3对3训练，设两个球门。守方一人做守门员形成3对2，连续往返攻守。

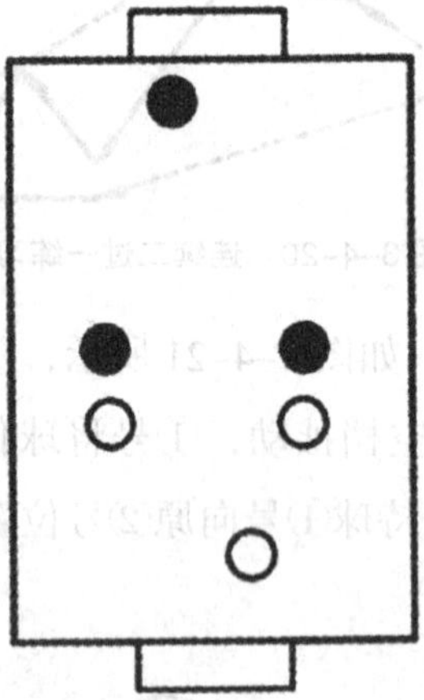

图3-4-23 3对3练习

⑩3对2射门训练。如图3-4-24所示，在半场中路进行3对2射门训练。在训练中要设置规则，最多三次传球，必须射门。

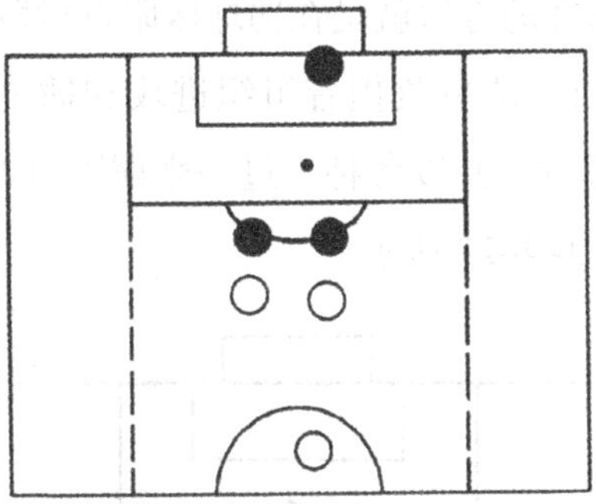

图 3-4-24　3 对 2 射门训练

⑩ 在罚球区前 10 米 ×10 米范围内进行二过一配合射门训练。

⑪ 在 10 米 ×20 米场地上设两个球门进行二对二练习防守，须有一人为守门员，在规定时间里相互展开攻守。

⑫ 各种无固定配合的踢墙式二过一训练。

⑬ 半场中路进行三对二射门训练，规定最多三次传球之后必须射门。

（三）集体进攻战术及其训练

1. 集体进攻战术

常用的集体进攻战术有很多种，按照进攻方向不同可以分为边路进攻、中路进攻和中边路转移进攻；按照位置不同可以分为换位进攻和插上进攻；按照速度不同可以分为逐步进攻和快速反攻；按照定理不同可以分为阵地进攻、拉锯进攻等。比赛场上战术变化万千，但最终都不会离开边路进攻、中路进攻和中边路转移进攻。另外，在进攻时，要求简练、实用、快速，要迅速完成进攻，以减少进攻过程中因时间太长而造成不必要的失误。

（1）阵地进攻战术

阵地进攻是指守方的队员都退回到自己的半场且占据防守位置时对其的进攻。阵地进攻的主要特点是守方没有大的空档，攻防人数平衡等。阵地进攻的关键是利用空间灵活调动防守者位置，以迫使对方露出空档，本方趁机攻破防守。阵地进攻战术主要包括以下几种进攻战术：

①中路渗透。中路渗透一般有三种形式：后场发动进攻、中场发动进攻、前场发动进攻。下面介绍各种中路渗透进攻的整体战术打法。

前场发动进攻时，依据前锋后撤在其身后所留出的空档进行反切插入，最有效的突破对方中路密集防守的方法就是在罚球区附近做踢墙式二过一配合。

中场发动进攻时，前卫队员负担着组织进攻和插上进攻的主要角色。常常采用短传配合的方法来进行，并以各种二过一来摆脱对方的防守。具体打法如图 3-4-25、图 3-4-26 和图 3-4-27 所示。

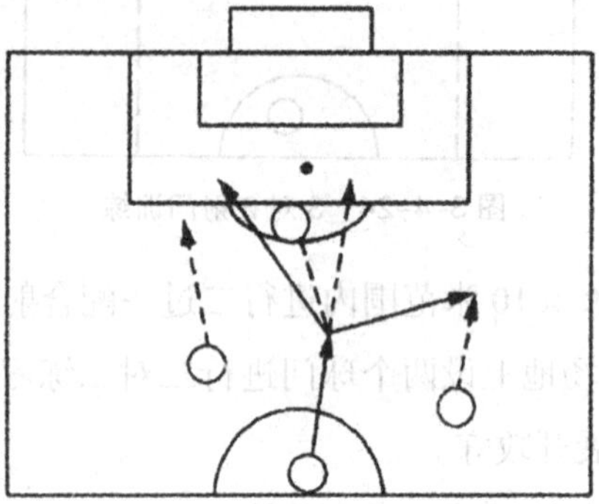

图 3-4-25　中场发动进攻（一）

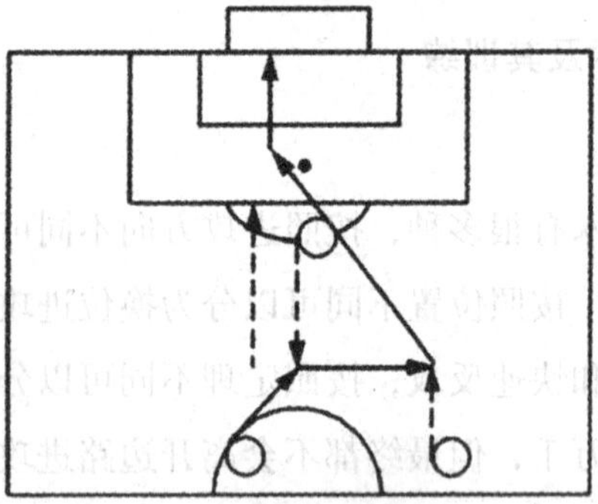

图 3-4-26　中场发动进攻（二）

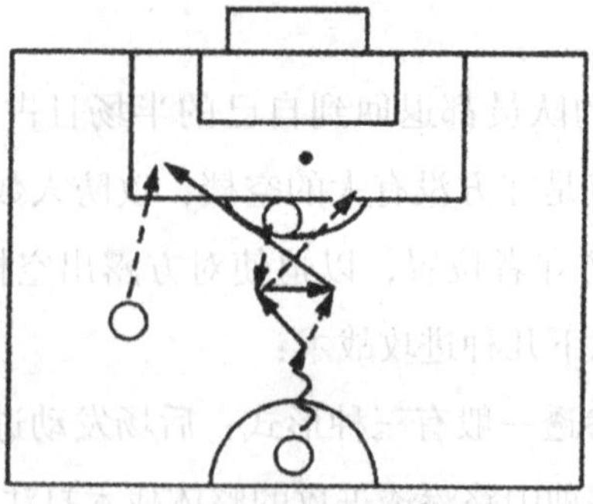

图 3-4-27　中场发动进攻（三）

后场发动进攻主要是指守门员和后卫发动的进攻。主要方法有两种：一是守门员发动进攻，（图 3–4–28）二是后卫发动进攻（图 3–4–29）。

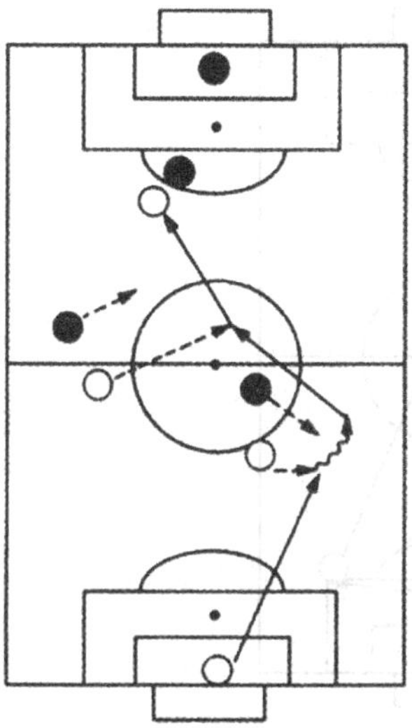

图 3–4–28　守门员发动进攻

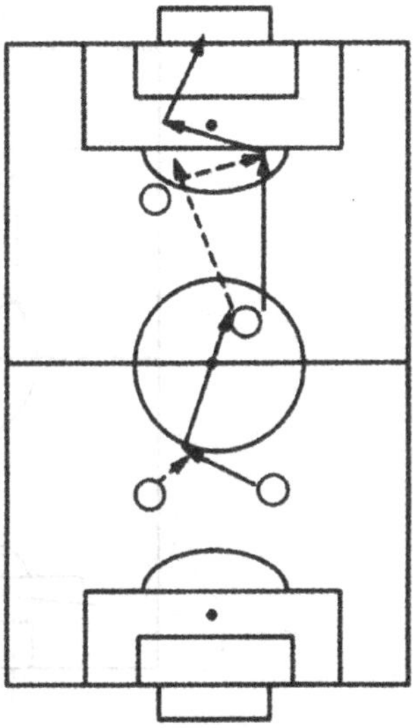

图 3–4–29　后卫发动进攻

②边路传中。边路传中是指在对方半场两侧地区发动的进攻，通过传中创造射门机会。由于两侧地区防守队员相对较少，空隙较大，攻防在这一地区便于突破防线。边路进攻直接得分的可能性小，大多数的攻门由边路突破传中后，中路和异侧同伴包抄完成。主要有以下几种传中的时机：

一是对方后卫线与守门员之间有较大空挡时，本方队员切入时，进行传中；二是本方队员已经插上或者包抄到位时，进行传中；三是对方守门员贸然出击，没有恰当选位时，进行传中；四是防守方与进攻方同时面向球门奔跑时，进行传中；五是突破边后卫的防守，补防的中后卫还没有封堵住传中路线时，进行传中。

③中边转移。一般来说，比赛中中路渗透战术要是达不到目的，应及时往边路转移，以分散中路守方的注意力，然后由边路突破再将进攻方向转到中路。总之，这种转移进攻可以打乱对方的防守战线，利用空档，创造破门得分的机会。

（2）快攻战术

快攻战术即快速进攻战术，是一种非常有实效的进攻战术。快攻战术是由守转攻时，趁对方来不及调整防守策略，通过简便快速的传递配合创造射门机会的战术。快攻的形式如下：

①中路突破。中路突破快攻主要形式有个人突破和配合突破两种。配合突破是通过整体进攻完成的，具体如图 3–4–30 所示。

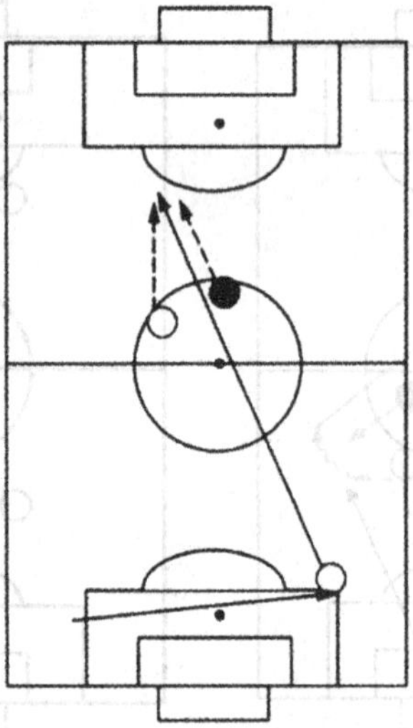

图 3–4–30　中路突破

②边路传中。快攻中通过边路的进攻主要有个人突破及边路队员快速插上到防守者的身后接球突破两种形式。

一是如图 3–4–31 所示，为个人突破边路传中。

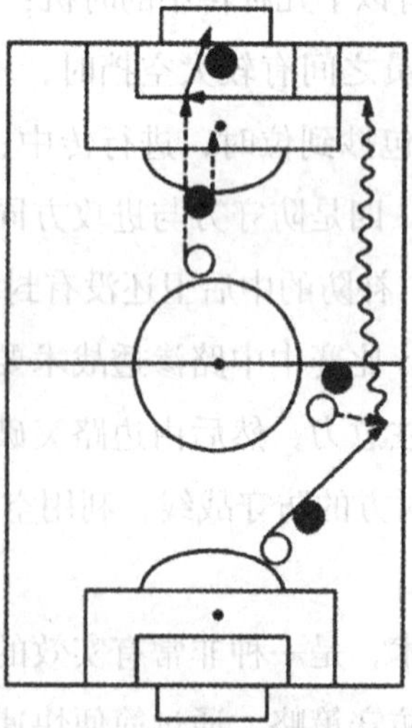

图 3–4–31　个人突破边路传中

二是如图 3–4–32 所示，为配合突破边路进攻。

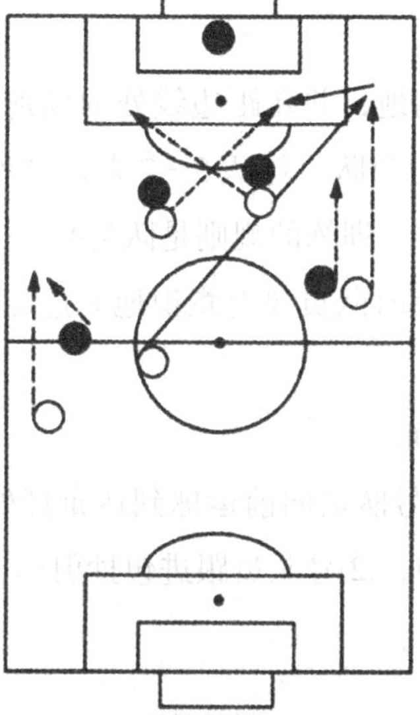

图 3–4–32　配合突破边路进攻

③中边转移。快攻中的中边转移主要形式是中后场得球后一次性直接将球长传至边路，由边路队员突破（图 3–4–33），或者经过中场的一两次传递后再将球分到边路，由边路队员突破。

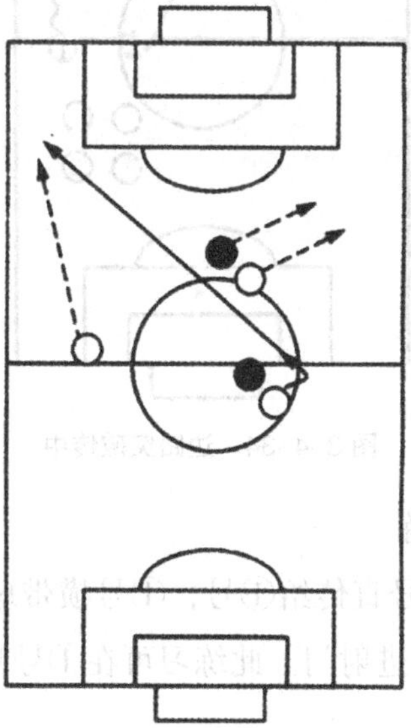

图 3–4–33　中边转移

2. 集体进攻战术训练

集体进攻战术的训练方法主要有以下几种：

（1）边路进攻训练

选择 70 米 ×50 米的场地，并在距边线处的场地两侧另加两个 6～7 米宽的小球门，把训练队员均分为两队，每队 5～7 人，进攻队员必须先将球传过两侧的任何一个球门后才能射门。训练的规则是队员必须先通过边路的小球门再射入正式球门，才能得分；进攻时队员要有意识地通过配合或个人突破越过小球门，从边路组织进攻。

（2）边路突破传中训练

如图 3-4-34 所示，①号队员向前运球到达旗杆处做一假动作，然后迅速向前运球，在球门线附近传中，②号队员跟进包抄射门。此练习可在旗杆处设一防守队员进行消极或积极防守。

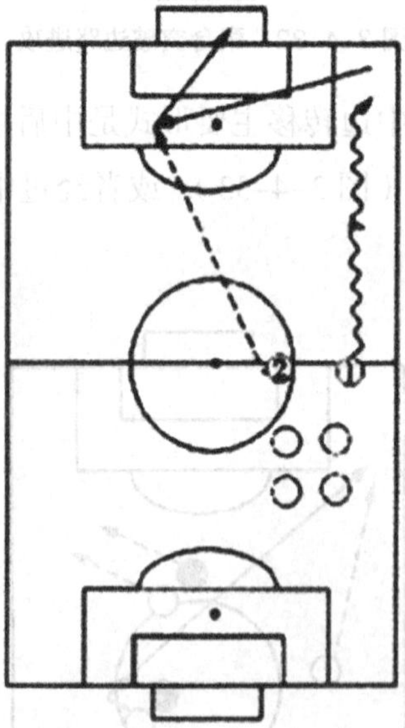

图 3-4-34　边路突破传中

（3）配合突破传中训练

如图 3-4-35 所示，②号直传给①号，①号横带球后反扣给由身后插上的②号，②号下底传中，①号跟进射门。此练习可在①号身后设一防守队员进行消极或积极防守。

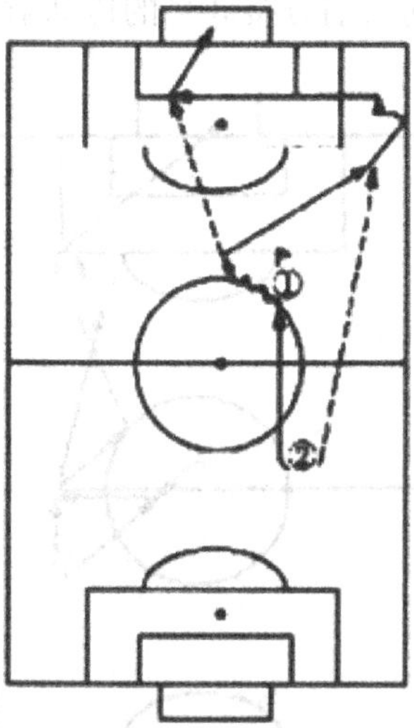

图 3-4-35　配合突破传中

（4）快攻长传球接球射门训练

如图 3-4-36 所示，守门员①号手抛球给②号，②号接球转身长传给前插的③号，③号接球射门。②号守门员接球用手抛给④号，④号接球再传给前插的⑤号，⑤号接球射门。如此反复进行练习。

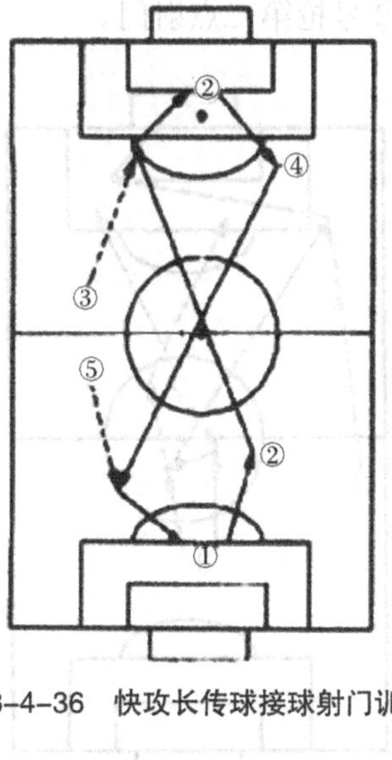

图 3-4-36　快攻长传球接球射门训练

（5）中路后排插上训练

如图 3-4-37 所示，①号与②号踢墙式二过一再将球传给回撤接应的③号后，先向前方跑动，然后突然插向右前方接③号的传球射门。

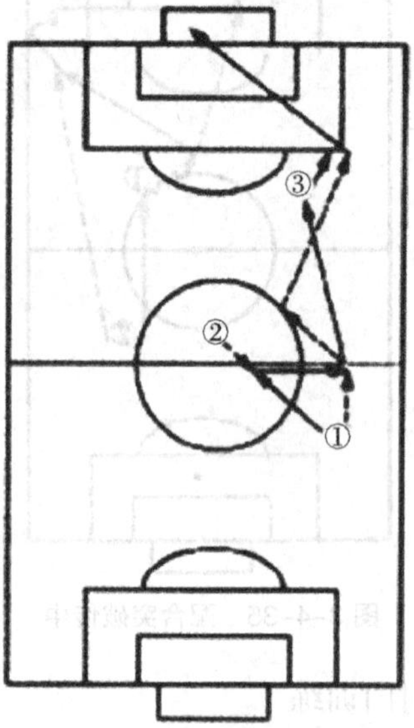

图 3-4-37 中路后排插上训练

（6）快攻转边训练

如图 3-4-38 所示，①号与②号做配合后，直接将球传向由左侧插上的③号，③号传中，①号抢第一点，②号抢第二点射门。

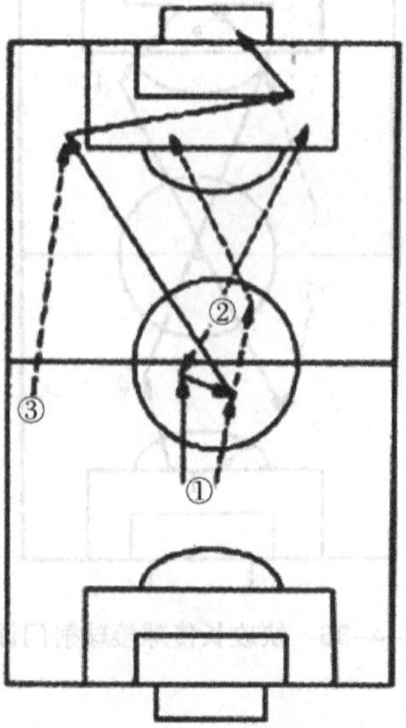

图 3-4-38 快攻转边训练

（7）中路二过一分边训练

如图 3-4-39 所示，①号与②号做二过一配合后由①号将球斜传至右边路前方，③号迅速插上接球传中。此时②号抢第一点，①号抢第二点射门。

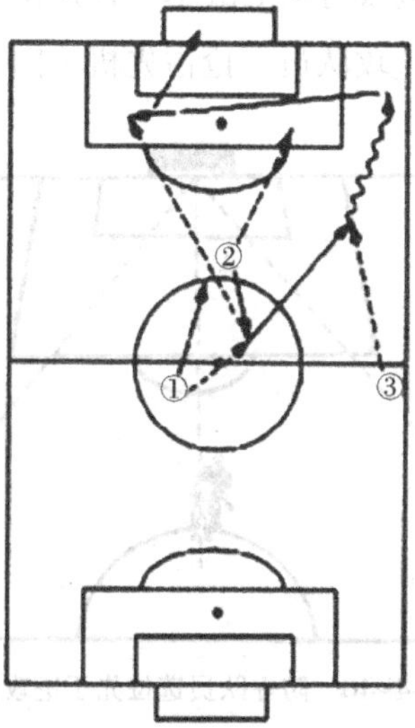

图 3-4-39　中路二过一分边训练

三、足球运动防守战术训练实践

防守战术是在比赛中为阻止对方进攻和重新获得球权所采取的个人和集体配合方法。

（一）个人防守战术及其训练

1. 个人防守战术

个人防守战术是为控制对手所采用的个人战术行动。个人战术行动可以体现出整个战术的特征。个人战术行动是整体战术的基础，主要包括选位与盯人、断球、抢球等。主要体现在人盯人防守，盯人防守分为全场盯人、半场盯人和 30 米内盯人等，人盯人防守要求队员的身体素质好。在进行分工时，要明确且易实行。一般是在对手与本方队员水平相差不远的时候运用人盯人战术。这种战术有一个弊端是很容易通过踢墙式等二过一配合突破防守，因此在运用防守战术时，也一定要注意集体战术的合作。

（1）选位与盯人

选位是指防守队员在进行防守选择时占据合理的防守位置。一般应该处于对方与本方球门中心所构成的一条直线上。盯人是在正确选位的基础上，对防守的对手实施监控或严密控制其进攻行动的战术。在选位与盯人时要求如下：

①防守队员选位要先于进攻队员，抢占先机（图 3–4–40）。

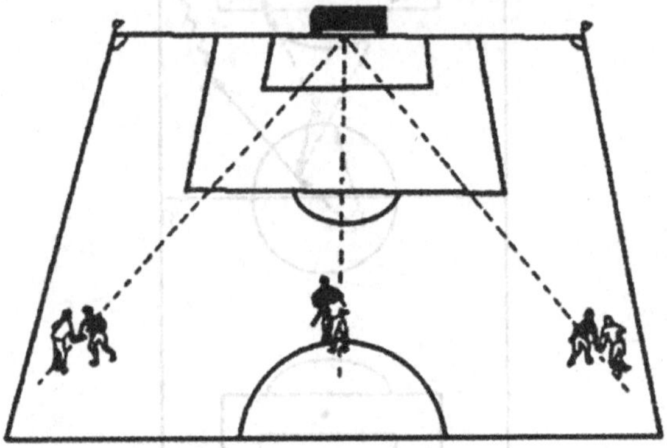

图 3–4–40 防守队员选位先于进攻队员

②选位的基本原则要求进攻队员、防守队员和本方球门中点三点成一线，并可以保持适当距离。

③选位以盯人为主，同时要兼顾球与空间情况的变化。

④以多防少或以少防多时，要根据具体情况和任务目的灵活选位。

⑤当选择正确的位置之后，根据不同的场区和任务，对进攻队员实施紧逼盯人或松动盯人（图 3–4–41）。

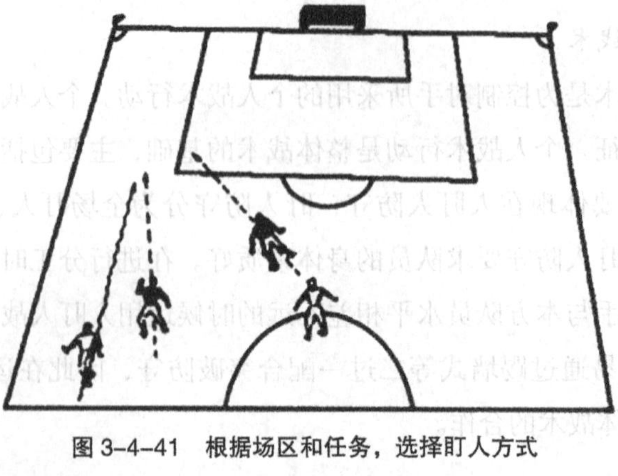

图 3–4–41 根据场区和任务，选择盯人方式

（2）断球

断球是将对方的传球从途中截下来或破坏掉的战术行为。断球是转守为攻最主动和最有效的战术行动，可以在对方来不及反抢的状态下迅速反击。断球主要应注意以下几个要点：

①要正确判断持球队员与接应队员的意图，预测传球的时间和路线。

②在正确选位的基础上，偏向有球一侧移动。同时要抓恰当的时机，对方传出球的瞬间，先于接球队员快速插向传球路线，将球截下。

（3）抢球

抢球战术是指将对方控制的球抢断下来或者破坏掉。抢球是重要的个人防守技术，也可以通过抢球判断某队员的个人防守能力。运用此战术之前必须保证集体防守的稳固。抢球的要点如下：

①抢球先要选择在持球对手与球门中点之间站位，这是对方运球突破的必由之路，当对方运球向两侧扯动时，即为抢球创造条件。

②通过移动与持球对手保持最适宜的距离。

③在对手接控球没有稳或者控时，在运球两个触球动作之间的时机，将球抢下来或者破坏掉。

2. 个人防守战术训练

个人防守战术训练的方法主要有以下几种：

第一，结合位置的诱导性进行有球训练。在半场内全队按照比赛阵形一人多方向控球，其他人分别站好各自的位置，各位置随球方向的变化练习选位。

第二，诱导性有球训练。进攻队员在离球门16～20米距离内做横向运球，防守队员练习选位。

第三，一对一盯人训练。在半场内，两人一组，进攻队员向球门做变向与变速运球，防守队员进行盯人练习。

第四，无球结合球门的训练。两人一组，面对面站立，相距2米左右，一攻一守，进攻队员做摆脱跑动，防守队员做选位盯人练习。

（二）局部防守战术及其训练

1. 局部防守战术

局部防守战术指两个或两个以上防守队员之间的相互配合方法，是集体防守战术的基础，其基本配合主要的形式有保护、补位与围抢。局部防守的区域要尽量靠近球门，不要留给对方空当，尽量延缓进攻队员的推进速度。当某个局部防守区域出现2个进攻队员时，要集中密切配合，避免自己处于被动地位，而让对方趁机突破防守。防守战术所采取的具体战术主要有以下几个方面：

（1）保护

保护战术是指同伴紧逼对手时，自己选择有利的位置来保护同伴，防止对手趁机突破。给逼抢持球队员的同伴心理和行动上的支持，使其没有后顾之忧，全力以赴紧逼对手。另外也给对手一定的心理压力，让其方阵大乱，趁机瓦解对方进攻。一旦被持球队员突破，保护队员能及时补防，堵住进攻路线或夺回控球权。如果逼抢队员夺得控球权，保护队员可以及时接应发动进攻。保护时，选位要求队员间距离适当地斜线站位，它可以避免出现对方突破一点而使己方防守占线崩溃的局面（图3-4-42）。

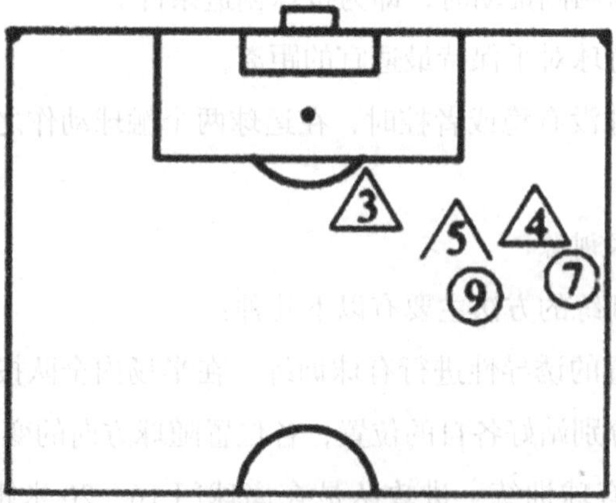

图3-4-42　保护战术

（2）补位

补位战术是指防守队员之间相互协作的防守配合行动。也是防守队员弥补同伴在防守中出现漏洞时所采取的相互协助的战术配合。在比赛过程中，通过同伴间的相互补位，可以针对对方的进攻行动进行有效的遏制和破坏，变被动为主动。

①补位的形式。在足球比赛中，补位的方式主要有以下三种：

一是如图3-4-43所示，前卫或者后卫队员因插上而退守不及时，临近的队员应暂时弥补其空位。

图 3-4-43　补位方式（一）

二是如图 3-4-44 所示，对手突破同伴后，保护队员要及时补位防守。

图 3-4-44　补位方式（二）

三是如图 3-4-45 所示，守门员出击时，后卫队员要及时回撤到球门线附近，弥补守门员的位置。

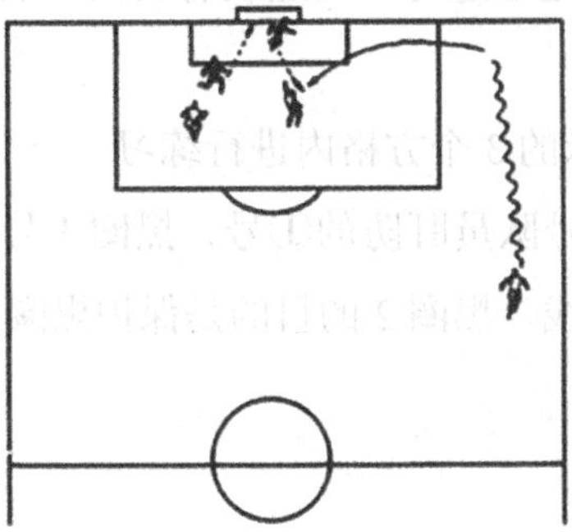

图 3-4-45　补位方式（三）

②补位的注意事项。在运用补位战术的时候，一定要注意以下几方面的事项，否则往往就会影响战术的运用效果：

第一，防守队员能追上自己的对手时，一般不要交换防守和进行补位。

第二，需要补位时，以邻近位置的两名队员之间进行相互补位，尽量避免牵动更多的防守队员交换位置。

第三，保证罚球区及附近的危险区域不出现空档。

（3）围抢

围抢战术是指防守时几名队员同时围堵、抢断某局部地区的对方控球队员的默契战术配合。防守队半场的两个底角和中场的边线附近是围抢有利位置。当对方进攻推进缓慢或者局部配合过多、缺少转移进攻时，则是组织围抢的好时机。围抢的要求如下：

①在对方进攻推进缓慢或者局部配合过多、缺少转移进攻的时候，要迅速运用围抢战术。

②在围抢的局部地点要求防守方人数占有优势，而且距离很近，思想统一，才能运用围抢战术。

③一般要在边、角场区，对方身体方向和观察角度较差时或在守方门前接球、运球、射门时，坚决展开围抢封堵。

④被围抢的队员尚未控制好球，附近暂时未有接应队员时，要迅速围抢。

2. 局部防守战术训练

局部防守战术训练的方法主要有以下几种：

（1）2 对 3 攻守练习

在 10 米 ×20 米的场地上进行，当进攻者突破一名防守者时，在邻近的两名防守者之间进行补位练习。

（2）在 10 米 ×30 米的 3 个方格内进行练习

S 将球传给被黑圈 1 号队员盯防的①号，黑圈 1 号的任务是迫使①号横向活动并阻止其达到对面的端线。黑圈 2 的目的是保护黑圈 1（图 3–4–46）。

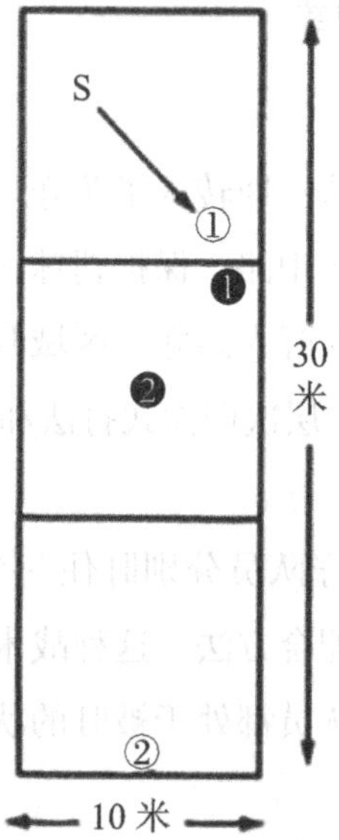

图 3-4-46　局部防守

（3）练习在 30 米 ×20 米的 6 个方格内进行

每方格内有两名队员，其中包括一名守门员。两端设球门，在进攻队员距离球门较近，射门无阻拦时，鼓励队员多射门，以增加其信心和勇气。要求防守队员必须严密紧盯对手，阻止其射门（图 3-4-47）。

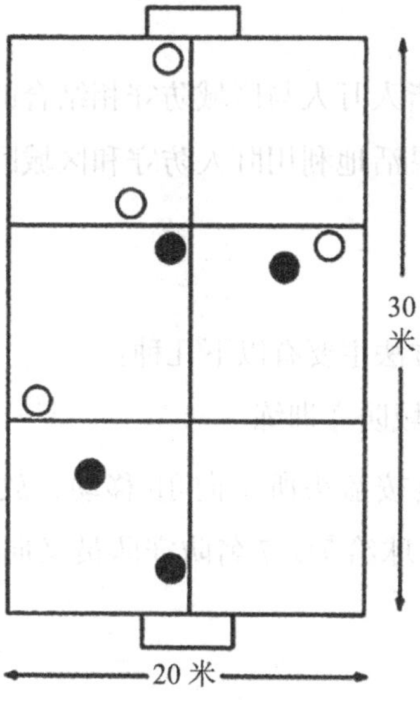

图 3-4-47　局部防守

（三）集体防守战术及其训练

1. 集体防守战术

当本队失去控球权时，全队立即转入了防守。从前锋开始，层层设防，人人狙击，迅速退守到本方半场密防中路，保护罚球区，阻止对方射门。目前，集体的防守战术按照形式可以分为人盯人防守、区域盯人防守和混合盯人防守；按照打法可以分为向前逼压式打法、层次回撤式打法和快速密集式打法。

（1）人盯人防守

人盯人防守是指让每个防守队员分别盯住一个对手，封锁对方的进攻路线，控制对手的活动和传、控球的配合方法。这种战术最主要的特点是全场攻守的每一个时间与空间，所有的进攻队员都处于被盯的状态，这会给进攻队员以无形的心理压力。

（2）区域盯人防守

区域盯人防守是根据场上队员位置的分布，每个防守队员防守住一个区域，在对方某个队员跑入本区域时，就进行积极防守，限制对方进行进攻活动的配合方法。区域盯人战术明确规定了每个防守者的防守任务，配合同伴间的相互协作，以求集体防守的有效性。区域盯人防守要特别重视各个区域间交界处的防守。因为这些交界处往往由于防守职责不明确而让进攻者有机可乘。

（3）混合盯人防守

混合盯人防守战术是指人盯人与区域防守相结合的防守配合方法。它的特点是根据对手的情况，充分灵活地利用盯人防守和区域盯人防守的优点，以提高全队防守的效益。

2. 集体防守战术训练

集体防守战术训练的方法主要有以下几种：

（1）无对抗的 7 人区域防守训练

⊗传给⑪，所有队员按箭头所示向⑪移动，放开⑦，⑪将球回传给⊗，所有队员向⊗移动，⊗传球给⑦，7 名防守队员又向⑦移动，放开⑪，如此反复做若干次（图 3–4–48）。

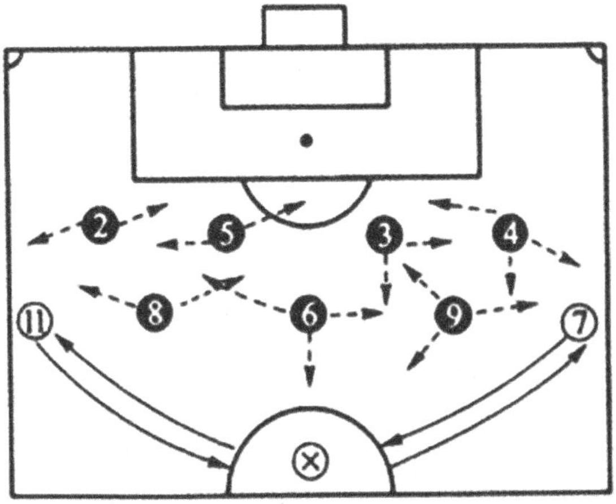

图 3-4-48　无对抗的 7 人区域防守训练

（2）有对抗的区域盯人防守训练

6 攻 7 练习，进攻一方利用套边、中路渗透，灵活跑位配合进攻。防守一方积极抢断。⑨远离❻控球时，❻不盯⑨，而是在原地等待⑨带球前进时再进行堵抢。如果⑨插向❺和❹之间的空档，❻回撤紧盯⑨，或者❺移动盯⑨，❻回撤至❺空出的防守区域保护❺，使中路防守始终保持一人轮空保护（图 3-4-49）。

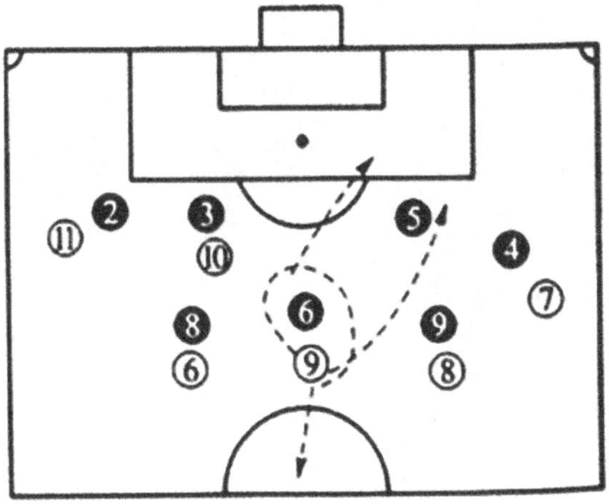

图 3-4-49　有对抗的区域盯人防守训练

第四章 体育产业发展现状分析

体育产业是我国国民经济发展的一个重要新兴产业，在现阶段我国体育产业具有良好的发展前景。要在新的境遇下促进足球产业的发展，就必须对体育产业有一个全面深入的认识。本章对体育产业发展现状进行了论述，主要包括三个方面内容，分别是体育产业发展的现状概述、体育产业发展的相关政策、体育产业发展的未来趋势。

第一节　体育产业发展的现状概述

一、我国体育产业的国内发展现状

（一）我国体育产业的空间发展

我国地域辽阔，不同地区经济发展存在差异，不同地区的体育资源也有着很大的空间差异，因此我国体育产业在空间发展方面表现出鲜明的区域发展特点。

针对我国体育产业的空间发展特点以及发展变化趋势，我国几名学者进行了比较分析，将我国各地区的体育产业的发展的区域空间条件划分为支撑条件好、支撑条件较好、支撑条件一般、支撑条件较差、支撑条件差 5 个层次，指出了我国体育产业的近十几年来的变化发展情况。①

结合我国体育产业发展支撑条件的时空格局演变分析，可以充分了解到我国地区体育产业发展的特点与历程，并对未来我国不同地区体育产业的发展预测提供思考方向。

我国区域体育产业发展表现出以下发展特点与趋势：

第一，全国范围内，我国体育产业发展支撑条件趋势向好，体育产业支撑条件虽然有波动，但是体育产业发展支撑条件总体良好，体育产业发展呈现出良性发展的总体态势。

第二，我国各区域的体育产业发展，在区域体育产业发展上的差距正在不断缩小，体育产业呈现出欣欣向荣的发展态势。

第三，从体育产业的空间发展变化来看，我国体育产业的发展与地区的发展趋势与地区体育产业发展支撑条件呈现出正相关的趋势，体育产业发展支撑条件好省区、较好省区、一般省区呈增长变化态势。

第四，体育产业在我国处于发展的初级阶段，属于新兴产业，因此在发展研究方面定量测度与比较研究较少，体育产业发展中的有关的产值、场地面积资料

① 崔瑞华，远芳，王泽宇．中国体育产业发展支撑条件时空格局演变分析 [J]．资源开发与市场，2018,34（10）:1431-1437.

较难获取，因此，体育产业发展与地区体育产业发展支撑条件的关系及发展分析，并不完善。

整体来看，我国体育产业发展的区域差异大，各区体育产业发展均有良好发展趋向，各地区体育产业区域差距正在逐步缩小，体育产业整体发展值得肯定，但是也存在区域发展不平衡的问题。

（二）我国体育产业的发展程度

体育是时代发展、社会进步的重要标志，体育产业是维护国民身体健康的重要产业，被放在国民经济发展中十分重要的位置，我国民众的体育消费观念已经发生了很大的转变，大众体育消费需求增强，我国体育产业呈现出持续增长的发展趋势，体育产业正处于深度发展之中。

结合当前我国体育产业发展现状，可以预测，未来 10 年，将是我国体育产业大发展的 10 年，是推进健康中国建设的重要战略机遇期。

二、我国体育产业的国际发展现状

（一）国际背景下我国体育产业发展表现

世界范围内，作为 21 世纪的“朝阳产业”，随着世界经济发展和人们生活水平提高，体育产业的国际发展潜力广阔。对我国体育产业发展前景具体发展表现分析如下：

1. 体育产业结构发展

目前来看，与发达国家相比，我国体育产业结构中，体育服务业占比偏低。

一般来说，体育产业结构中，服务业应该在体育产业中占据较高比例，这是体育产业结构合理化发展的重要表现（图 4-1-1），相比于体育产业发达国家，我国体育产业结构还有待完善。

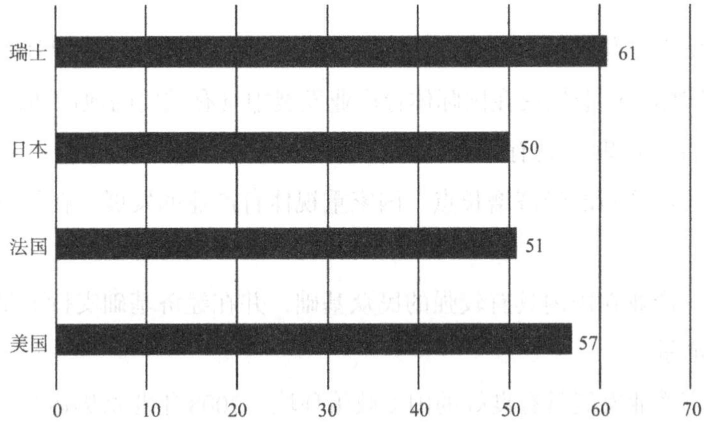

图 4-1-1　发达国家体育服务业比重（%）

2. 体育产业市场发展

就全世界范围来看，当前社会已经进入休闲时代，人们在学习工作之余更加关注生活质量的提高，而体育休闲是一种健康的休闲方式，在人们的生活中占据着非常重要的地位，并与人们的日常生活联系紧密。

在体育发达国家，体育人口占全国总人口的比例较高（图 4-1-2），相比之下，我国体育人口在我国总人口中的比例相对较低。

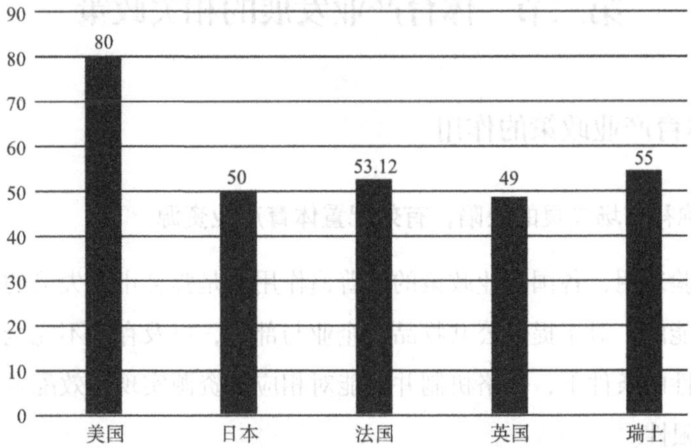

图 4-1-2　国外经常参与体育运动人口比例（%）

（二）国际背景下我国体育产业发展的优势与劣势

当前经济全球化和体育全球化发展背景下，我国体育作为世界体育的重要组成部分，我国体育产业发展在国际体育产业发展中具有重要的地位和作用。

我国体育产业发展具有雄厚的经济基础。现阶段，我国体育产业发展已经成为我国国民经济新的经济增长点。国家重视体育产业的发展，在经济方面大力支持。

我国体育产业在国内具有较强的民众基础，并在经济基础支持下呈现出良好的市场发展前景。

我国体育产业发展具有良好的国家政策环境。2008 年北京奥运会后，我国体育事业呈现出井喷式发展，在体育产业发展方面，除了资金支持，国家还在社会上通过政策扶持培养各阶层人民的终身体育意识，民众体育参与度有效提升。

我国体育产业发展拥有十分丰富的体育资源。就体育自然资源来看，我国地域辽阔，地理地貌、气候多样，体育产业在不同区域各具特点，可因地制宜地发展区域体育旅游、休闲、运动品牌和赛事。如山区开展野外拓展和攀岩等项目；东部沿海地区发展海洋休闲体育旅游产业；草原地区发展射箭、赛马和狩猎等项目；东北地区开展冰雪项目。

第二节　体育产业发展的相关政策

一、体育产业政策的作用

（一）弥补市场失灵的缺陷，有效配置体育产业资源

历史经验表明，各国产业政策的最普遍作用就是弥补市场失灵的缺陷。市场机制不是万能的，对于提供公共物品的企业与部门，以及存在不完全竞争、垄断和经济外部性的条件下，价格机制并不能对相应的资源实现有效配置，这就是市场机制的局限性。

产业政策能有效地解决市场的失灵问题，全面提高经济运行的质量。制定科学合理的体育产业政策，把体育产业政策和市场机制结合起来，就能把市场失灵

和缺陷所带来的产业效率损失减少至最低程度，诱导体育产业朝既定的目标发展。

（二）实现体育产业超常规发展，缩短赶超时间

经济后进国家要想在较短的时间内形成具有竞争力的体育产业规模和技术体系，如果仅仅依靠市场的自由调节，是无法在短期内达到产业快速发展所要求的条件的。体育产业政策是政府在市场机制基础上更有效地实施赶超战略的需要。

（三）促进体育产业结构合理化

体育产业政策对体育产业结构变动起着重要作用。因为体育产业各部门间科学的连接方式、合理的比例关系，以及随着需求结构的变化，产业结构与需求结构的动态适应，都涉及资源在全社会范围内有计划地调配。

政府要站在全局宏观经济的角度，运用宏观调控的手段，调节资源，实施科学的体育产业政策。通过经济的、行政的和法律的手段，调节资源在体育产业各部门间的合理分配，调节体育产业各部门间的关联方式和量的比例关系。

（四）增强本国体育产业的国际竞争力

在经济全球化背景下，体育产业全球化已成为不可逆转的趋势。政府或体育行政部门可以通过制定体育产业全球化政策，为促进本国体育产业在全球化进程中获取竞争优势。

二、国外的体育产业政策

（一）国外体育产业组织政策

在体育产业组织政策方面，以美国职业体育中的一系列政策最为典型。从1960 年开始，美国的职业体育运动有了很大发展，球队、球员、出资方、职业联盟、政府之间的复杂关系得到了较好的规范。美国国会和最高法院针对美国职业体育发展的实际情况，制定了一些政策法规对此进行规范，并给予职业体育运动一些其他行业所没有的特殊的政策支持。

（二）政府的财政税收政策

政府在增加体育事业投入的同时，注重使用财政、税收、信贷等手段和政策，

鼓励协会对体育公益活动的投入和支持。关于体育产业的纳税政策，各国有不同的政策和做法，但大多数国家对体育产业均提供了一定的税收优惠。国家还从税收等方面鼓励公益性的体育组织开展经营性创收活动。许多国家承认大众体育俱乐部是不以营利为目的的社会公益性团体，开展体育经营的目的是为自身发展筹集经费，因而享受免税待遇。

（三）政府的社会投资体育政策

政府吸纳多种资金发展体育事业。如国家投资、地方投资、私人投资、企业投资、媒体收入等。其方法途径为：发行体育彩票、出售体育比赛的电视转播权、各类赞助费、其他收入（销售纪念章、纪念币、纪念邮票、出售比赛门票）等。

（四）政府的体育产业定向补助政策

国外体育产业发展的经验表明，体育产业政策在多数情况下需要财政政策和货币政策的配合，也就是说，财政政策和货币政策经常会充当实现体育产业政策目标的基本工具。

三、我国体育产业的相关政策

从20世纪80年代中期开始，我国国家体委、各省（区、市）政府和体委颁布了体育产业方面的政策和规定。国内一些学者也开始对体育产业政策进行了较为系统的研究，并提出了今后体育产业发展的政策建议，主要涉及体育产业组织政策、体育产业结构政策、体育产业技术政策、体育产业布局政策、公共体育支持政策、体育产业政策、财政税收政策、融资政策、分配和激励政策、捐赠政策、土地使用政策、国有资产使用政策、促进对外开放政策、区域体育产业政策、人才培养和使用政策等方面的内容。

（一）我国体育产业政策的现状

鼓励、支持社会力量办体育的政策，经过多年的努力已经形成了多元化办体育的格局，涌现了社会、企业、个人投资体育、发展体育的良好态势，成为看得见、摸得着的体育产业。

国家支持和推进体育社会化、产业化改革的政策，使体育系统基本上摆脱了发展体育规模受困于经费、器材设施不足的状况。

（二）我国体育产业结构政策

1. 体育产业结构的基本问题

体育产业结构的含义为体育直接生产过程中经济资源（资产、劳动、技术、信息和自然资源）的聚合方式和配置方式，是指各个体育产业部门之间及其内部的相互关系和比例关系。所谓体育产业结构政策，就是政府根据一定时期内社会经济结构的内在联系而揭示的体育产业结构的发展趋势及过程，并按照体育产业结构高度化的演变规律，确定体育产业结构协调发展的比例关系，以及保证为促使这种结构变化应采取的政策措施。

2. 我国体育产业结构政策

（1）我国体育产业结构政策的制定

我国体育产业起步虽然较晚，但发展速度很快。在体制转轨和社会转型中，政府为了规范体育市场，促进体育产业内部结构逐步合理化，先后出台了一系列政策、法规，针对体育产业相关行业部门的扶持、保护与鼓励，调整与限制，作出了详细的规定，为体育产业结构调整提供了政策保障。

①将健身娱乐业、竞赛表演业作为主导行业进行培育和扶持。

一是积极培育体育健身娱乐市场。要围绕全民健身计划的实施，坚持国家与社会相结合的原则，积极引导和鼓励社会各界投资兴办经济实体，开展体育健身娱乐方面的经营性活动；群众性体育协会、俱乐部、社会体育指导中心（站）应以社会化、产业化为方向，面向市场、服务群众，以各类体育设施为依托，为群众开展健身、健美、康复、娱乐等体育活动提供场地、设施和技术指导等多项优质服务；积极引进趣味性强的健身娱乐项目与设施，以满足消费者对体育健身娱乐不同层次的需求；鼓励并支持在社区中开展体育咨询指导及策划、体育场地设施和器材租赁、体育活动保险、体育康复等各类社区体育服务；体育行政部门及有关单位要加强对各类群众体育活动的经营组织和单位的监督管理，切实保障体育消费者的合法权益。

二是大力发展体育竞赛表演市场。应立足体育竞赛体制的改革和运行机制的转换，积极引导和规范各类体育竞赛的经营活动，鼓励社会各界承办国内外高水平的体育竞赛表演，使体育竞赛和表演朝产业化、社会化方向发展。在完善体育竞赛招标制度的基础上，积极试行重大体育竞赛的申办制度。要结合我国体育发展的实际，注意吸取和借鉴国外举办商业赛事等方面的成功经验和做法，逐步建立各种体育竞赛中介服务机构和体育竞赛经纪人制度。

②对体育中介业、体育彩票业加以保护和发展。

一是体育中介。20世纪80年代，体育经纪人开始在我国出现。进入90年代，体育经纪人市场进一步发展。1995年，《体育产业发展纲要》提出了逐步建立各种体育竞赛中介服务机构和体育竞赛经纪人制度，为我国体育中介业的发展奠定了基础。

二是体育彩票业。为解决体育事业投入不足的问题，政府给予体育行政主管部门体育彩票补偿性财政政策。1992年7月，国家体委正式成立体育彩票筹备组。1994年3月，国务院批准国家体委统一管理体育彩票发行工作；4月，国家体委正式批准成立体育彩票管理中心；7月，国家体委计划财务司、政策法规司在中国人民银行的批准下，制定实施了《1994—1995年度体育彩票发行管理办法》，标志着我国体育彩票业开始进入法规化、规范化的轨道。1998年，《体育彩票公益金管理办法》规定体育彩票所得公益金收入用于落实全民健身计划和补充大型体育运动会举办经费，包括新建体育场馆和对经济欠发达地区的扶贫工作。2001年，确定财政部负责彩票管理政策制定、彩票市场管理及彩票行销监督。2009年，颁布《彩票管理条例》首次以行政法规形式明确财政部会同民政、体育部门及其他政府部门综合管理的模式，规范彩票发行和销售机构的设立、职责及其行为规范，强化彩票运营安全保障，强调彩票的公益使命和社会责任。

（2）我国体育产业结构政策的实施效果

我国体育产业结构政策出台较晚，但是政策目的比较明确，重点发展、扶持的竞赛表演业、健身娱乐业和体育彩票业都取得了快速的发展。以竞赛表演业为例，虽然我国竞赛表演业仍处于起步阶段，但是以足球、篮球、排球和乒乓球职业联赛为主体，辅之以散打擂台赛和各类商业性比赛的竞赛表演市场格局已初步形成。主要表现在以下三方面：一是以“三大球”和“一国球”构成的中国四大职业联赛稳步发展，二是职业体育俱乐部的数量和质量都有明显的提高，三是观赏性消费群体在不断扩大。

（三）我国体育产业组织政策

1. 体育产业组织政策的目标

体育产业组织政策的总目标是通过控制体育市场结构和规范体育企业的市场行为，实现体育产业组织的有效竞争，以此来获得较好的市场绩效。具体目标包括以下四个方面：

（1）优化资源配置

通过体育产业组织政策有效地控制体育市场竞争，促使资源由生产过剩、资源使用效率较低的经济环节向生产不足、资源使用较高的经济环节流动，由资源使用效率较低的生产者向资源使用效率较高的生产者流动。

（2）实现规模经济

通过体育产业组织政策，鼓励体育产业内部企业间的横向和纵向联合，扩大企业规模，提高规模经济水平和产业的区域、国际竞争力。

（3）促进技术进步

通过体育产业组织政策优化体育产业组织形态和结构，增强产业组织结构的技术创新能力和企业的技术创新动力。

（4）维护市场秩序

通过体育产业组织政策规范体育企业行为，防止企业滥用垄断势力和进行不正当竞争，维护市场秩序。

2. 我国的体育产业组织政策

（1）反垄断政策

体育产业内部的竞赛表演业、体育场馆业等行业都属于垄断型行业。这些行业被一些具有行政垄断或者自然垄断地位的组织所垄断。这些组织在缺乏竞争对手的市场环境中控制市场，获取超额利润，同时造成了有限体育资源的浪费，阻碍了体育产业的协调发展。为了构建有序竞争、资源配置合理的体育市场环境，政府管理部门应该制定有效的政策，有效地控制、防止体育领域的行业垄断。在反垄断相关法规内容构建上，要注意明确以下几点：

①在反垄断的指向上，应该注重对垄断行为而非垄断结构的控制。在经济一体化、竞争国际化的新时期，企业的竞争空间已逐渐由国内市场转向国际市场。我国体育产业处于起步阶段，为了增强我国企业的国际竞争力，我国在反垄断方

面应采取“盯住行为，放宽结构”的灵活政策，即判定是否发生垄断的标准，不是看企业拥有多大的市场份额，而是看其是否存在操控市场的共谋行为，只要没有“行为嫌疑”，对企业规模及其拥有的产品市场占有率就应尽可能放宽，予以鼓励。

②应将反行政垄断作为控制垄断的主要目标。降低有垄断倾向部门的过高集中度或控制度的上升，降低这些部门的进入壁垒。如对于体育比赛的电视转播报道权的分配问题，不能由国家电视台的垄断，而应形成各地方电视台公平参与的竞争机制。在体育用品制造业方面，应该打破各种形式的进入壁垒、退出壁垒和地区封锁，消除人为制造的新竞争者进入的障碍和排斥竞争的现象。

③在反垄断机构的设置上，要建立具有高度独立性的体育产业反垄断执行机构。由于绝大多数的体育行会内部的纠纷解决机制达不到仲裁机制的标准，而执法部门随意介入体育纠纷将影响体育行业的自治。因此，有必要建立中立的职业体育仲裁机构来作为体育产业反垄断的执行机构。

④竞赛表演业可以适当运用反垄断豁免。竞赛表演业的市场结构有其特殊性，竞赛表演业从制度角度来看是一个介于宏观产品市场和微观企业组织之间的中间组织，它使得联盟内各个职业体育俱乐部（企业组织）处于既互相竞争又互相合作的市场关系中。给予竞赛表演业适当的反垄断豁免有助于职业体育联盟的整体利益，最终有利于竞赛表演市场的形成与发展。

（2）兼并与合并政策

我国体育产业目前正处于一个良好的发展时期，全民健身运动的开展使我国的体育产业取得了快速发展，尤其是体育运动服饰、体育运动器材制造方面。

面对国外产品的不断涌入，我国本土体育用品行业的发展也将面临新的挑战，在这种情况下，应通过兼并重组使企业尽快做大、做强。首先，通过并购可以解决体育用品行业集中度不高的问题。其次，优势企业的兼并重组可以改善企业经营，突破技术难题，实现协同效应；通过兼并重组还可以降低经营成本，降低管理费用。最后，通过对体育产业上下游的并购重组，可以完善产业链。企业创新品牌、开拓市场，必须有从研发、生产、销售到售后服务的一整套完善的产业链，通过购买，有良好基础的企业可以达到快速完善企业产业链的目的。

（四）我国体育产业布局政策

1. 体育产业布局政策的含义

产业布局就是将区域优势转化为经济优势或将现存经济优势进一步优化的过程。优势效应即区域优势牵引生产要素的空间流动及配置的现象，它是产业布局的基本运行规律。一般来说，区域开发并非在所有地区同时进行，而总是先从某几个开发条件较好的节点开始。随着产业开发的进程，点与点之间的产业联系逐渐构成轴线，轴线经纬交织成为网络。由此可见，产业布局应该是一个经纬交织、动静结合的复杂系统。

2. 体育产业布局政策的基本内容

（1）制定合理有效的地区体育产业政策

按照统筹规划、因地制宜、发挥优势、分工合作、协同发展的原则，制定合理有效的地区体育产业政策，可以使各地区选择适合本地区条件发展的重点和优势产业，避免地区间产业结构趋同化。如重点培育东部地区的体育产业作为国民经济的增长点，全面发展和完善相关的体育市场，加快体育产业内部结构的调整，重点发展体育服务业尤其是竞赛表演业，实现体育产业与区域产业结构的适应性转变；加快发展中部地区的体育产业，依靠中部地区的人口优势和区域资源，重点发展体育产品制造业及相关产业，建立若干体育用品的生产基地；积极扶持西部地区体育产业，根据西部地区的自然生态、经济地理状况，重点开发以体育探险、体育旅游和民族体育为特色的产业资源。根据西部地区的人力资源和物产资源，有选择地建立若干体育用品的生产基地以及体育运动的训练基地等。根据国家制定的东、中、西部协调发展战略，加快发展东部地区的资本市场，积极抓好东部地区大中型体育设施的开发和利用，抓好体育彩票的发行工作，从体育彩票的公益金收益中抽取一定比例资金设立中、西部体育发展基金，帮助中、西部地区发展中小型体育设施，在项目、资金、税收等方面给予一定优惠政策。

在区域体育产业的发展模式方面，有学者提出京—津地区选择以体育竞赛观赏服务业作为主导产业部门：沪—江—浙区域选择以商业体育赛事服务和健身休闲服务为分区块主导产业；皖—深—珠区域选择以商业体育赛事服务和健身休闲服务业双重主导产业发展。在西部的体育产业发展方面，把经济基础好的西安、成都和重庆建成体育产业核心区，并以此带动整个地区的发展；大力发展具有西部地区特色的体育旅游产业，把昆明建成现代化体育城，使之成为西部地区体育产业发展的亮点；同时西部的贫困和边境开放区，要发展与民族体育传统项目有关的体育产业。

（2）正确选择地区体育主导产业

要充分考虑资源的丰富度、市场容量、技术成熟性、经济规模以及产业关联性等因素。如对广东省而言，有学者建议以广州奥林匹克中心和黄村体育运动训练基地为主体，发展以广州为中心的体育广场和体育娱乐城；汕头、肇庆市则可重点投资建成水上运动训练基地，以训练基地为中心，以民间投资为主，在中心外围形成体育活动、竞技、表演、娱乐的市场，以吸引更多的外运动队到广东集训；深圳则重点发展以少数民族体育为主的多种体育娱乐市场，重点放在新奇、刺激性的体育项目上。

3. 我国体育产业的布局政策

近年来，体育产业的发展规模和社会影响力逐渐增大，成为经济发展新的增长点，尤其在东部发达地区和中心城市，体育产业已经占到当地经济总量一定的比例，并吸收了大量的劳动力就业，引起了政府有关部门的高度重视。无论是体育物质类产品还是体育服务类产品的生产，在我国已经形成一定的规模，并形成了一定的区域性聚集效应，但其发展的规模和质量也越来越受到各方面条件的限制。为了提高体育产业的国际竞争力，发挥体育产业的聚集效应并形成体育产业的区域增长值，政府应该制定一定的产业布局政策，引导体育产业的发展。

（五）其他与体育产业相关的政策

1. 体育产业技术政策

技术是一个由内在联系诸要素构成的系统，而且是一个动态系统，是作为过程的技术。体育产业技术政策是指政府为促进体育产业技术而实施指导、选择、促进与控制的政策总和。

（1）体育产业技术政策的内容

①确定体育产业技术的发展目标和具体计划。包括制定各种具体的体育产业技术标准、体育产业技术发展规划、体育产业的基础理论研究、体育产业的应用研究。

②技术进步促进政策。包括体育产业技术引进政策、体育产业技术推广和扩散政策、体育技术开发扶持政策、体育产业技术的教育培训政策、体育产业技术的组织协调政策。

（2）体育产业技术政策的实施手段

①直接干预手段。包括政府依据有关体育产业技术进步的各种法规所实施的行政干预；政府对引进体育产业技术实施管制；直接投资于体育产业技术开发和应用推广；主持和参与体育产业技术开发项目；等等。

②间接干预手段。包括政府对体育产业技术的发展前景、战略目标、项目重点等提供指导；对体育产业技术开发提供补助金、税制优惠和融资支持。

2. 体育产业投融资政策

体育产业的发展需要投入大量的资金，因此必须有完善的投融资体系。纵观各国投融资体制，大致可分为三种：政府拨款型、社会筹资型和两者结合型。越来越多的国家已经意识到采用单纯的政府拨款型或社会筹资型无法满足体育产业发展的要求，而只有将这两种模式有机地结合起来，才能既有利于国家对体育发展的有效协调和引导，又能充分发挥社会资源参与体育发展的积极性；既有利于减轻政府负担，又可提高兴办体育的效率和效益。

体育基金也是各国常用的体育融资方式之一。我国的体育基金会是伴随着体育产业发展起来的带有行业色彩的准金融机构。针对我国体育基金会的发展现状，参照国外体育基金会的发展轨迹，要使我国体育基金成为我国体育资金的主要融资手段，需要国家给予一定的政策支持，建立健全体育基金会组织。在基金会成立之初，需要国家给予一定的资金支持。

3. 体育产业全球化政策

经济发展中各国相互依存、相互渗透，全球化已成为不可逆转的历史潮流。经济全球化的核心是产业全球化。产业全球化，是指产业在全球范围内的扩张和延伸，以及产业结构在全球范围内的演进和拓展。体育产业全球化政策，是指国家为在产业全球化的潮流中抢占先机所出台的一系列政策和规定。

（1）国际贸易方面

如何让我国体育产业的企业“走出去”是我国贸易政策的重点。进一步完善出口的鼓励政策，可以从以下两方面进行：

①结合体育产业的发展，用好补贴政策，扶持国内体育产业的发展。要利用世界贸易组织对发展中国家幼稚产业的保护政策，以世界贸易组织的有关协议为准则，调整体育产业贸易保护措施的组合。

②转变政府职能，并加强政府的系统管理和协调职能。在我国体育产业发展的有关管理体制改革中，要转变政府职能，由微观管理变为宏观管理，由直接管理变为间接管理，采用法律、经济和必需的行政手段运行管理。各项体育产业政策的有效性取决于管理的同步性和协调性。首先，制定的各项体育产业政策之间要统一规范，并要与国内有关各方面的相关产业政策相统一；其次，体育产业政策所涉及的各主体之间要协调，体育产业政策的实施过程中仍存在中央与地方及各管理部门之间的条块管理，政府职能部门应协调关系，增强相互之间的联系和配合；最后，管理手段要现代化和信息化。

（2）国际投资方面

①“迎进来”——以大型公司为投资重点。这几年，国际大财团、大企业投资体育成热门。我国的体育市场潜力已被国外中介集团或跨国公司看好我们要针对大型公司的对外投资，尤其是针对我国投资的特点，采取切实有效的措施，尽快吸引投资。

②“走出去”——以国际资本市场为投资主渠道。虽然国内体育资本市场还不成熟，但国内体育企业要努力适应这一国际经济发展的潮流。将国内优势运动项目的竞技人才通过正常渠道合理、合法地转会或输出到国际体育市场，这也是体育产业人力资源国际投资的一种形式。这有利于我国体育产业走出国门，拓展海外体育市场，为实现体育产业跨国经营提供机会，并借助国外的体育市场，创造支柱产品，培育我国体育产业的龙头，使我国的跨国体育产业得到较快发展。

第三节　体育产业发展的未来趋势

一、全民健身背景下我国体育产业发展的未来趋势

从我国经济发展现状分析，体育产业是我国的绿色产业和朝阳产业，也是我

国经济转型升级的关键因素。体育产业的发展不仅能够进一步增加我国的居民体育消费需求、改变我国体育产业的结构、完善公共体育服务体系，这对我国人民凝聚力的提升和文化竞争力的提升有很大的积极影响。

（一）体育产业迎来发展的机遇与挑战

1. 体育产业发展发生了战略性转变

全民健身作为国家战略，反映了国家对体育产业的高度重视和战略性调整。在新时期，我国体育产业发展要以人为本，转变发展方式，发挥体育在促进人的全面发展和经济社会发展中的积极作用。

体育能够增强人民的健康素质。“全民健康是全面小康的基础。”将人民健康水平作为根本目标，将全民健身作为国家战略，是国家对下一步经济社会发展的重要规划和顶层设计。同时这也彰显着我国体育发展方式的转变，它正在从过去单纯注重体育事业逐渐转变为同时关注体育事业和体育产业。

2. 体育产业全面深化改革

体育产业的健康和飞速发展有赖于市场的完善、法制的健全和企业制度的建立。《关于促进全民健身和体育消费 推动体育产业高质量发展的意见》的颁布丰富了体育的发展主题，也改变了体育发展的格局，体育产业不再只依靠政府的行政指令发展，我国的体育组织体系也得到了改革，体育产业发展冲破了束缚，其政策与制度不断得以健全，其管理不断向着更加科学的方向发展，形成了多主体合作、相互制约的健康格局。

3. 体育产业的巨大发展空间

《关于促进全民建设和体育消费推动体育产业高质量发展的意见》的出台为体育产业的发展开辟了新的空间，体育产业从过去的边缘化地位变成了推动经济转型升级的重要支柱；进一步突出了体育产业发展对于国民经济和社会发展的贡献。政府发展体育经济不仅是适应经济发展转型升级的需要，也是政府履行职责的重要内容，其最根本的目的还是形成全民健身的社会氛围、提高人民群众的生活质量。社会环境的变迁是体育产业政策变化的根本动力，而政府的宏观调控则是体育产业政策变化的基础动力。体育产业的发展离不开居民体育需求变化的驱动。因此，无论从哪个角度出发，我国体育产业都有着无限的发展空间和良好的发展机遇。体育产业发展也是我国社会经济发展和转型升级的重要部分。

（二）促进体育产业发展的对策与建议

1. 不断完善体育产业发展的政策体系和市场环境

“全民健身上升为国家战略”“加快体育产业发展促进体育消费”“推动体育产业成为经济转型升级的重要力量”说明，经济转型升级不只是增加收入和消费，还要通过体育产业的发展为经济转型升级提供独特的价值。因此，各地方政府应根据地方情况，消除行业障碍、清理政策难题、逐渐建立和完善推动体育产业快速发展的政策和市场条件。高素质的专业人才、充足的经济积淀、创新的营销策略、良好的市场氛围和创新的引领方式是其发展的关键因素。

第一，为了促进地方经济的新动能，我们必须进一步提高对体育产业发展的重视程度。体育产业需要我们加大政策引导和扶持力度，同时不断优化体育产业跨越式发展的政策环境和市场条件，在关注体育产业发展、重点培养和支持的基础上，加速“放管服”改革，推动“管办分离”改革。

第二，完善与体育产业相关的各项优惠政策，尤其是在体育用地、土地价格等方面给予更大的支持。

第三，加大地方体育产业发展引导资金的投入力度，通过政府引导、社会参与的方式，激发社会资本对体育产业的投资热情，形成“1+X”的资金效应；积极与各类金融机构合作，推动地方体育产业投资基金的设立，为初创的体育产业提供风险投资的支持和服务；鼓励运用体育产业资产证券化、债券融资、上市融资和风险投资等多种金融手段，拓宽体育产业的融资渠道，增强体育产业的资本实力。

第四，以市场为导向，加快地方体育产业集团的建设，支持民营资本参与体育产业的改革和发展，放宽国有体育资产的改组、改制条件，优化资源配置和整合，降低社会资本进入体育产业的门槛，提升体育产业的发展水平。

2. 以全民健身国家战略为契机促进体育消费业发展

经济新常态的重点就是将经济发展的主要动力转移到消费增长上。因此我国要贯彻实施全民健身的国家战略，加大促进我国居民体育消费的力度。《关于促进全民建设和体育消费 推动体育产业高质量发展的意见》中提出了促进体育产业发展和体育消费的两个工作重点，这是从体育产业的供给与需求两个方向实施的促进体育产业发展的措施。

随着我国经济水平的提高，社会生产方式的转变，产业结构的优化与升级，我国居民的体育消费也逐渐上升，成为消费结构中不可忽视的一部分。全民参与体育锻炼也成为提高生活质量和健康水平的重要途径。体育消费的发展离不开全民健身的基础和动力，只有更多的人参与体育活动中来，才能创造更大的体育消费需求，推动体育产业的繁荣。如果能够实现政府的主导作用、社会的积极参与、企业和媒体的有效配合，体育消费市场将有巨大的潜力和空间。因此，我国要抓住全民健身国家战略的机遇，促进体育产业的快速发展，让体育产业得以不断壮大、不断得到发展、不断开拓新的发展空间，从而带动体育消费的不断增长。

健身不仅能够预防疾病、减少居民的医疗支出，还可以使人放松心情，让自己的生活品质得到提升。为了提高居民的健康水平，激励居民自发参与体育锻炼、增加体育消费，我国应当制定合理的惠民政策，促进体育行业的发展和居民消费的增长。此外，我国还要加强体育健身宣传，培养居民的健身意识和体育消费的习惯，让整个体育消费市场充满活力。

3. 推进体育互联网经济建设，大力发展体育服务业

为了促进体育互联网经济的发展，我们应该大力支持体育服务业的壮大，特别是要把体育互联网经济作为地方体育产业跨越式增长的战略方向。我国地方政府应该充分发挥区域、人才、媒体等优势，建设体育互联网经济的平台，借助“互联网 +”的发展动力，加强智慧体育、智慧场馆等方面的建设，同时也要将体育与其他行业相结合，如旅游行业、健康行业、媒体行业等，形成双赢、多方面发展的势头，打造以体育行业为主，关联健身休闲、康复、体育器械研发、旅游等多方面的信息化服务平台，让体育服务行业借助互联网的发展动力实现快速增长。

4. 重视商业模式创新，促进体育产业融合发展

体育产业结构的优化固然重要，但是我们也必须重视体育商业模式的创新发展，否则将体育产业作为新的经济增长点将无法持续发展，唯有创新商业模式，才能让体育产业为国家经济发展与建设提供更大的动力。

5. 创建具有地方特色的体育产业品牌

地方体育产业品牌的建设是提高地方体育产业质量的重要途径。为了打造有特色的地方体育产业品牌，地方政府要遵循优势集中和品牌支持的原则，同时要采用“引进来”和“走出去”的双向模式，既要引进国外的优秀体育商品和相关

企业，也要支持国内尤其是本地优秀体育相关企业的发展和强大，让它们立足本土、彰显特色、形成品牌，从而让我国体育行业在国际上扩大影响力。

总之，我国要立足于全民健身的国家战略，不断促进体育产业的发展，为体育行业的壮大提供政策支持和良好的市场竞争环境，从而推动体育产业与其他产业的协同发展；要不断发展体育互联网经济，提高体育服务行业的质量，为居民提供更好的体育消费服务，积极与其他行业结合，形成地方体育特色产业，逐渐规范体育行业市场环境，从而让我国体育行业拥有健康的发展环境。

二、大数据时代我国体育产业发展的未来趋势

大数据时代，数据信息量庞大如海洋，并且在不断增长和更新。大数据时代的数据信息是开放的、动态的、广泛的、具有社会性的。企业可以通过收集和分析消费者的各种数据来掌握消费者的消费喜好，从而根据消费者的消费偏好来生产商品和提供服务，保持企业的竞争力。

（一）大数据时代体育产业的发展

数据在体育产业的各个领域都发挥着重要的作用，无论是体育用品的生产和销售，还是休闲健身、娱乐竞赛等活动的组织和推广。体育产业从业者需要通过数据分析来了解产品和服务的市场需求、消费者的体验感受以及消费者的网上互动行为喜好。这些数据涉及消费者的兴趣、年龄、爱好、收入等多方面的信息，可以帮助体育产业从业者不断优化产品和服务，满足消费者的多元化需求。例如，在体育竞技表演市场，主办方可以通过体育赛事的直播和网络互动增加观众的参与度；同时通过大数据分析观众的喜好，制作相关的数据分析产品，吸引观众。

（二）大数据时代我国体育产业发展的机遇

1. 为体育产业创造更多价值

大数据的优势在于它能够从海量的数据中提取出有价值的信息，同时能够快速地进行分析和反馈，从而为决策者提供数据依据。此外，企业通过分析实时的信息可以及时且精确地把握市场的动态、了解顾客消费行为，从而开展更加个性化的服务。例如，在体育健身行业中，商户可以通过传感设备获取客户的身体状况信息，通过社交软件对客户的生活习惯和健身需求进行了解，通过这些信息的

融合，商户就可以为客户提供精准的运动建议，从而吸引更多的客户到这里健身，促进体育消费。

2. 可以促进体育产业协同发展

体育企业在大数据时代面临着巨大的挑战和机遇。为了适应市场的变化，体育企业不能孤立地进行数据分析，而需要与其他专业机构建立合作关系，共享数据资源，提高数据利用效率。这样可以降低企业的运营成本，增强企业的竞争力，促进体育产业的创新发展。

国内外很多体育企业已经意识到了大数据的重要性，并投入了大量的人力物力，建立了专门的大数据部门，同时提升人员的专业水平。体育企业之间的合作不仅可以实现数据信息的共享，还可以形成体育产业集群，推动体育协同创新，为社会和经济发展作出贡献。

3. 加快体育产业科技化

科技是体育产业跨越式发展的重要推动力，只有不断提高科技含量，才能在质量为王的市场竞争中占据优势。体育产业的科技化表现在多个方面，如数据分析、用户体验、赛事关注度等。以足球为例加以说明。现代足球的发展，已经被科学与科技所接管。精准的数据和强大的分析系统能够真正地让智能算法帮助足球团队找到比赛胜利的方式。例如，Playermaker 是一家以色列的运动初创公司，他们开发了一种可穿戴设备，这种设备可以收集并分析足球运动员在比赛和训练中的各种数据，如跑动距离、速度、力量等。足球比赛中的 VAR（视频助理裁判）技术是科技在足球产业中的一个重要应用。VAR 技术可以帮助裁判更准确地判断比赛中的争议情况，如越位、犯规等，从而提高比赛的公正性。科技的应用也提高了赛事的关注度。例如，卡塔尔世界杯使用了一种名为“旅程”的足球，这是历届世界杯中飞行速度最快的足球。这种足球中使用了 CTR-CORE 技术创新系统，并搭载一颗功能类似陀螺仪的中央芯片，能以每秒 500 次的速度记录足球运动相关数据，从而可非常精确地检测踢球点，帮助主裁判作出更好的判决。

（三）大数据时代对我国体育产业发展的挑战与应对策略

1. 大数据存储

移动互联网、物联网、云计算的高速发展，各种类型的视频等结构化和半结构化的数据增长非常迅速，每天都以几千 TB 的速度在增加。根据 IDC 研究称，

2020年全球信息化资料容量是40ZB，并且这个数据还在以惊人的速度增长。

随着人们对体育行业的关注与喜爱不断增加以及信息技术的不断发展，使得体育赛事转播更加方便，每一场精彩的赛事都有无数观众观看。观众对自己喜欢和支持的球队有着深入的了解和独到的见解，他们可以将这些信息以弹幕的方式发送到直播或者转播平台上，而这些数据将被存储起来，它们数量庞大，达到了TB级别，这对数据存储技术有很高的要求。对此，政府应当主导其发展，邀请专家分析体育大数据的特点并制定相关的政策与规划，同时鼓励有能力的机构和企业开展对体育数据存储的研究和技术研发。此外，体育产业也要把握局势，不断提升自己的技术能力，积极借助科研机构的技术优势，共同提升数据存储和分析技术，利用大数据技术为自己的发展提供新的动力。

2. 体育信息安全

随着大数据技术应用的不断扩大以及体育大数据的急速增长，数据安全问题逐渐成为牵动人们神经的重要因素。随着网络全面进入人们的生活和工作，商户和企业收集人们的各种数据也越来越便利，但是对这些数据的保存与管理工作却相对滞后，导致信息泄露问题频发，因此，加强隐私保护和个人数据安全管理工作十分重要。

3. 突破体育科学研究路径

体育研究工作不仅要依靠企业，还要借助科研机构和高校的优势，合力推动体育科学研究的发展，共同促进体育大数据技术的研发，从而提高自己的竞争优势。体育企业可以凭借自身的实践优势与其他机构达成合作，从而减少经费的投入，加快研发进程。体育企业之间也要积极加强合作，共享分析结果，共同提升技术水平。

三、城市化视域下体育产业发展的未来趋势

城市化，也叫城镇化，随着国家或者地区社会和经济的不断发展，产业结构和生产技术势必会逐渐调整。在这个过程中，主要形式是农业社会向工业为主或服务业为主的城市社会发展。

学者们对城市化与经济发展之间的关系有很多研究，其中最主要的观点有两个：一是经济发展单向影响着城市化，即随着社会经济的发展、人口的增加、产

业结构的转变，城市化的脚步不断推进；二是城市化与经济发展之间互相影响，两者之间相互作用。通常情况下，如果城市化水平与公共服务水平、社会治理水平相匹配，则单向影响更为明显；若城市化水平与经济增长、社会制度、管理水平不协调，就会为城市化带来很多潜在问题，通常称为“城市病”。

体育产业是指为社会提供体育产品的同类经济活动的集合，以及同类经济部门的综合。结合国际通行的研究标准，当人均 GDP 超过 5000 美元时，体育产业会出现“井喷”态势；当人均 GDP 达到 8000 美元时，体育健身将成为国民经济的支柱产业。

在我国城市化的发展过程中，城镇化水平几乎与人均收入水平的发展同步。从统计数据中可知，我国基本已经完成了城市化，且具备了体育产业井喷式发展的基础，但是实际上我国体育产业的发展却远未达到这个预期。其原因为何？下面将进行简单的分析：

（一）城市化为体育产业发展创造的机遇

1. 城市化进程提高了体育人口占比

城市化进程中，人口的流动是一个显著的现象。许多人为了追求更多的就业机会，选择了从农村或者欠发达地区迁移到经济发达的城市。城市化不仅改变了人口的分布和流动模式，也对人们的生活观念、消费行为、生活方式产生了深刻的影响。同时，城市化也促进了体育人口数量的增长，为体育产业的发展创造了有利的条件。

2. 城市化进程释放体育消费需求

人类的消费需求可以分为三个阶段：生存、享受、发展。随着社会的进步和经济的发展，人们不再满足于基本的生活需求，而是开始追求更高层次的精神和文化需求。在城市居民的消费结构中，娱乐、文化、服务等方面的支出占比越来越大。这也反映在体育消费领域，马拉松赛事作为一种新兴的体育消费形式，受到了越来越多中产阶级的青睐。他们通过参与马拉松赛事，展示了自己的环保、健康、个性化的消费理念和生活方式。城市作为体育消费的舞台，不仅为人们提供了丰富多样的体育资源和设施，也能够放大体育消费的效果和影响力。可以说，那些拥有优质体育环境，能够举办高水平体育赛事和表演的城市，更能够激发居民的体育消费热情和潜力。

3.城市化进程加速了体育产业结构升级

城市的体育赛事是城市发展的重要组成部分，反映了城市的经济实力、文化底蕴、民意支持度和消费水平。近年来，广州和成都两个城市在体育赛事方面表现突出，承办了多项国内外高水平赛事。这背后的原因是什么呢？有专家提出了“耦合性”的理论，认为体育赛事与城市经济之间存在着密切的耦合关系，影响着彼此的发展。耦合性的构成因素包括经济规模、城市发展水平、赛事举办决策模式、文化传统、居民消费水平、产业链、民主支持度七个方面。从供给侧结构性改革的视角来看，当前的体育供给已经不能满足城市发展的需要，我国各城市需要通过加快体育产业结构调整，持续推动体育培训、赛事运营、职业体育等服务业的发展，以适应城市居民对体育的多元化需求。

4.城市化进程有利于突出体育产业集群效应

体育产业集群是在一定区域内众多具有密切分工合作关系的不同规模的体育服务企业与相关的企业、各种机构与组织等行为主体，通过纵横交错的网络关系联系在一起的空间集聚组织形态。

城市化对产业集群发展水平的影响主要体现在以下三个方面：

第一，城市化能够提供外部经济效益。这种效益可以通过一个行业在某一地区的集中发展，带动其他相关行业的发展，形成产业集群。也可以通过多个相互联系的产业协调发展，实现产业集群。以珠三角地区的体育产业为例，它是通过均衡的发展形成了产业集群。该区域内的产业类型多样化、具有较高的科技含量，并且产业之间能够形成互补的局势。

第二，城市化能够促进企业内部规模经济的发展。这是指企业在原有基础上扩大生产规模，建立起一套以企业核心业务为中心的供应链，降低生产成本。在这方面，福建晋江就是一个较好的例子。该地区体育用品产业发达，形成了产业聚集区。其中运动鞋产业是核心，并且形成了由内向外的完整产业链，涵盖鞋类生产、销售的各个环节以及金融、保险等不同行业。企业之间资源共享，竞争优势巨大。

第三，城市化能够推动信息化的发展。信息化的不断发展能够推动城市调整空间布局与功能，从而对产业集群产生积极影响。例如，北京龙潭湖体育产业基地，借助国家体育组织的区位优势形成了覆盖面广泛以体育国际商务服务为核心的产业集群。

（二）城市化进程对体育产业提出的挑战

随着城市化进程的不断加深，有学者提出了“城市群”的概念。城市群是指高度发达、成熟的城市群体，是由城市逐渐发展而成。该群体的形成有四个阶段：都市区—都市圈—城市群—大都市带。这种发展进程使得资源和人力等各种生产要素都向着城市群的核心流动。因此，以克鲁格曼、藤田等人为代表的新经济地理学表明，空间聚集的形成有持续发展的趋势，依靠发挥城市内在的自我增值优势，可产生区位空间的“锁定”（lockin）效果。

体育产业是我国经济转型的重要引擎，它不仅能够创造新的增长点，还能够促进国民生活质量的提高。然而，体育产业的发展也面临着区域发展不平衡的问题，一些城市群由于拥有较强的资本、人力、设施等优势，已经形成了体育产业的集聚效应，而其他地区则难以分享到体育产业带来的红利。

（三）解决对策

1. 从规划层面：城市规划与体育产业发展相互协调

在城市化进程的不断推进中，城市与体育产业发展的关系也越来越紧密，一个规模巨大、经济发展水平极高的城市，其居民对体育服务的需求也非常高。随着城市化进程的不断推进，城市规划已经展现出落后的态势，因此很多城市重新进行了规划，对体育设施建设也倾注了很多资源。根据资料，我国将近九成的城市有新城区建设规划。因此在未来一段时间里，政府在规划城市建设时要有意识地考虑体育产业发展的因素，集中改建闲置公园、空地等土地资源，也要为新建小区规划健身空间，为居民提供方便的健身场地，同时也要大力发展健身文化，为城市的体育产业发展提供良好的环境。

2. 从发展方式方面：不同城市走差异化体育产业发展道路

我国的地域广阔，各个地区的经济发展水平存在差距。从城市层面来看，北上广深等一线城市在城市化的过程中积聚了丰富的财富、人才，基础设施建设水平远高于其他城市；从个人层面来看，一线城市的居民拥有较高的可支配收入，消费观念超前，体育消费需求远高于其他城市居民。在这样的背景下，寻求适合不同城市特点的体育产业发展模式，将成为改变当前体育产业发展不均衡的困境的有效方式。

我国城市分级标准将城市分为一线、二线和三线（及以下）三个层次，这对于体育事业的发展有着重要的指导意义。一线城市（北京、上海、广州、深圳）拥有较好的体育基础条件，可以承办国际顶尖赛事，如北京举办的2008年夏季奥运会和2022年的冬季奥运会等。这些赛事不仅展现了我国一线城市的高水平承办能力，还能通过商业化的运作方式带来良好的经济效益。二线城市（主要是各省会城市）应该以加入职业联赛为主要目标，如中国男子足球超级联赛等。二线城市要重视职业体育的发展，并以其带动体育文化建设，形成体育产业发展的环境优势，并通过职业体育的发展带动其他体育产业的发展。三线或三线（及以下）的城市则应当充分发挥自己的空间优势以及地价低廉的优势进行体育基础设施建设。只有将体育基础设施完善起来才能为广大群众提供良好的体育健身场地，从而促进人们积极参与体育活动，养成良好的健身习惯，提升体育市场活跃度，最终达到推动体育产业发展的目的。

3. 从发展理念方面：积极推动体育与各个领域的融合

体育产业融合是一种新兴的产业现象，是在体育消费升级、社会价值转变、科技创新等多重驱动下，体育产业内部或是与其他产业之间发生相互融合、互动重组，打破原有的产业边界，形成新的产业形态和价值链的过程。未来，我国体育产业将与更多的相关产业实现更深层次的融合。随着城市化水平的提高，新的技术和生活方式将不断出现，这为体育与其他产业的融合提供了多元化的选择。例如，体育旅游市场正在从单纯的观赏型旅游向参与型旅游转变。“体育＋地产”“体育＋可穿戴设备”等都有望成为新的产业趋势。这些新的产业理念将会推动体育产业与新生产业不断融合，从而有望生产出具有更高附加价值的产品，进入产业链顶端，超越其他发达国家，同时探索出一条适合我国的体育产业发展道路。

第五章　足球产业发展实践探索

本章阐述了足球产业发展实践探索，主要包括四个方面内容，依次是足球赛事产业发展实践、足球传媒产业发展实践、足球游戏产业发展实践、足球旅游产业发展实践。

第一节　足球赛事产业发展实践

一、中国足球赛事体系概述

足球赛事市场是足球产业的核心板块，传媒、经纪、彩票、场馆等市场的发展都需要依托于足球赛事的繁荣。结合赛事组织形式、参赛主体特征、监管归属和运营等特征，可以将中国足球赛事划分为职业足球赛事、“中国之队”赛事、社会足球赛事、青少年足球赛事四个板块，四个板块之间既存在差异又互相联系。

一方面，这几类赛事在参赛主体、参与人员、监管归属、运营特征方面各不相同。另一方面，职业足球赛事和国家队赛事是整个国家足球发展水平的集中体现，将会极大地刺激全社会对足球的热爱和参与。社会足球赛事与青少年足球赛事的参与性、体验性更强，是职业足球赛事和国家队赛事发展的重要根基。

目前，中国足球赛事体系需要强化政府在规划指导、政策保障、场地建设、资源整合、市场监管等方面的作用，同时完善市场机制，整合社会资源，激发市场活力，广泛调动社会力量参与足球改革发展的积极性和创造性。我们可以把发展足球运动与推动全民健身相结合，明确发展目标，加强顶层设计，厚植足球发展的基础，培养积极向上的足球文化，持续用力，久久为功，实现足球运动普及与提高，推动全民健身，增强人民体质，促进人的全面发展和社会文明进步。我们还要加强俱乐部青训工作指导，支持俱乐部青训梯队建设，鼓励俱乐部与本地青训中心、校园足球、社会足球青训机构等开展合作，建立本地青训体系与职业俱乐部梯队培养相衔接的模式。

二、社会足球赛事发展

社会足球赛事种类繁多，大致可以分为两种类型：一是以中国足协业余联赛、加油中国冠军联赛等为代表的国内社会赛事，二是以国际冠军杯中国赛、巴克莱英超亚洲杯等为代表的国际商业性赛事。

（一）国内主要社会赛事

国内社会赛事种类繁多，比较知名的全国性赛事主要有中国足协业余联赛、加油中国冠军联赛、中国城市足球联赛、“我爱足球”中国足球民间争霸赛、中国社区足球联赛、JOMA 杯新浪 5×5 足金联赛、中国职工足球联赛等。

目前，虽然国内已经形成一批不同类型的全国性社会赛事，但是多数赛事尚处于初级阶段，赛事相对零散，和地方性社会赛事之间的通道也没有打通。组织情况相对完善的中国足协业余联赛，赛事分为省级预赛、大区赛和总决赛，总决赛前四名升入中国足球协会乙级联赛，第五、六名分别与中乙联赛后两名进行附加赛，胜者参加中国足球协会乙级联赛。即便如此，各省区、地级市、县区等组织的不同层次的社会足球赛事还是没法提供相应的上升通道。

对于老年人社会足球赛事，比较知名的全国性赛事有中华杯老年足球赛、中华长寿杯等。

（二）国际商业性赛事

近年来，随着国内足球市场的火热，一些国际商业性赛事纷纷落户，比较知名的有巴克莱英超亚洲杯、国际冠军杯中国赛、龙城杯、沙尔克 04 珠海友谊赛、一汽丰田鸟巢伦敦德比杯等。

国际商业性赛事的参赛队伍多为国外知名球队，因此虽然国际商业性赛事的场次较少，但是上座率相对较好，多数比赛的平均观众人数都在三万以上。由于比赛球队的影响力大，此类赛事的媒体转播情况也不错，多数赛事获得 CCTV 和聚力体育的转播。

三、青少年足球赛事发展

青少年赛事种类也相对较多，目前主要的国家级青少年赛事主要分为足协系统赛事和教育系统赛事。此外，各省区、地级市、县区等也会组织不同层次的青少年足球赛事。

体育系统青少年赛事主要是由中国足球协会或体育管理部门作为主办单位的赛事，比较知名的国家级赛事有全国青少年足球冠军杯赛、全国青少年男子足球超级联赛、U 系列赛事、全国足球学校杯、“哥德杯”中国赛、鲁能·潍坊杯等。

青少年赛事目前尚处于发展阶段，无论是体育系统还是教育系统主办的赛事，基本上都是投入和培育为主。当然，青少年赛事作为重要根基，需要长远的规划，与社会赛事、职业赛事形成良性互动，进而推动足球产业与足球事业持续发展。

四、中国足球赛事市场规模

中国足球赛事市场中，职业足球赛事无论是投入和产出都占据主导地位。中超是职业足球赛事中最主要的创收赛事，中甲具备职业化雏形，但依然处于发展阶段，和成熟的职业体育市场相比，中超以及中甲的转播及比赛收入都存在较大开发空间。社会赛事和青少年赛事随着影响力的逐步扩大，媒体价值和营收能力也在不断提升。综合来看，中国足球赛事市场在整个足球产业中的占比还较小，但由于赛事是支撑整个足球产业的核心产品，因此随着职业赛事的进一步规范、社会赛事更加普及，未来足球赛事以及与赛事直接相关的广告赞助、赛事版权以及职业俱乐部收入将是足球赛事产业的重要部分。

第二节　足球传媒产业发展实践

一、足球媒体产业发展

足球传播产业链是整个足球传媒的主线，是围绕正在进行的足球比赛开展的。但事实上足球赛事的周边，还有一些足球媒体的支线存在。我们将独立于足球赛事之外，但以足球赛事为资源，从不同角度对足球比赛进行挖掘。为人们提供足球信息产品的平台称为足球媒体。就传播媒介而言，足球媒体主要包含电视足球媒体和网络足球媒体。

（一）电视足球媒体

1. 电视足球节目

央视曾培育制作了一批优秀的足球电视节目。经典明星节目《天下足球》和《足球之夜》2015 年直播收视率分别达到 0.53% 和 0.48%，高于 CCTV5 的其他栏目。2004 年 CCTV-5 在两档明星节目《天下足球》和《足球之夜》的基础上，打造欧洲杯特别节目《豪门盛宴》，之后沿用到世界杯。根据索福瑞统计，2014年第20届巴西世界杯《豪门盛宴》收视率达到0.74%，此外针对2014年巴西世界杯CCTV5打造了《看透世界杯》《5要赢》《我爱世界杯》等特别节目。专为欧洲冠军联赛创办的《冠军欧洲》和《欧冠开场哨》同样收到不错的收视效果。

地方电视台也热衷制作足球类电视节目，如北京体育频道的《足球100分》、广东体育的《绿茵共同体》、浙江卫视的足球真人秀节目《绿茵继承者》等。

2. 电视足球资讯媒体

由于电视媒体在我国发展时间较长，电视足球新闻一直是球迷获得足球资讯的主要来源。随着互联网技术的不断发展，网络足球新闻因其更快的传播速度和更丰富的内容，渐渐成为一些人获取足球资讯的主要渠道。

（二）网络足球媒体

1. 网络足球节目

随着足球赛事转播在网络平台的快速发展，拥有足球赛事版权的公司为了充分利用版权，丰富平台的内容，围绕足球赛事创办了一系列的足球节目。比如在PPTV拿下几大联赛的版权之后，还自制了《星耀中超》《西甲深呼吸》《英超作战室》等足球节目，来丰富自己的赛事周边。

虽然拥有版权的平台都利用自己版权创办了一些足球节目，但值得注意的是，这些网络足球节目的商业开发都有所欠缺，首先，节目中的广告投放数量少，多数足球节目中并没有广告投放。其次，网络节目中投放的广告大多数都是平台自己的母公司或相关公司的产品，因此广告的实际收益较差。

2. 网络足球资讯媒体

对于球迷而言，除了在网上观看足球比赛之外，通过网络媒体途径获得足球资讯也是十分重要的。网络媒体对突发事件有特有的快速反应能力，而足球赛事以及赛场外球员、球队变化都有不可预测性，网络媒体可以快速处理突发的足球资讯，是足球资讯最佳传播载体。门户网站、体育网站是球迷使用率最高的获取足球资讯的网络渠道。

（1）体育网站

足球是体育最重要的组成部分，各大体育网站的足球类新闻也占据了极大的版面。超过四成的球迷习惯通过门户、体育网站获取足球资讯，其中腾讯体育、新浪体育是最常使用的两个媒体平台，使用率均超过五成。

（2）足球自媒体

足球自媒体是指在微博、微信、贴吧、BBS 论坛中以个人名义向不指定的人群传播足球信息的媒体形式，目前在微博、微信中存在大量的足球自媒体账号，在比赛时对进行中的比赛进行实时评论，赛后对比赛进行个人总结，没有比赛时则进行足球赛事集锦等推送，并不定时进行广告推送等商务行为从中获利。著名足球自媒体都拥有大量的粉丝，商家投放广告的受众较大，因此足球自媒体的广告推送有较大的市场。

（3）足球资讯 App

随着移动互联网的不断发展，手机 App 成为越来越多球迷获取资讯的来源。据了解，有超过三成的球迷喜欢通过 App 获取足球资讯。一些综合体育资讯 App 以及综合新闻资讯 App 因其资源的综合性、全面性，获得了大量的用户量，直播吧 App 和今日头条 App 就是其中的代表。

除了综合类媒体以外，足球媒体市场上还出现了一些专注于移动端内容制作的垂直足球媒体。这些媒体强调足球内容的整合与手机 App 的用户体验，强调用户的互动性。

二、足球传媒产业发展分析

目前，我国的足球产业仍处于较为初级的阶段，足球传媒市场的发展仍然有非常大的潜力。“随着体育科技的不断发展，足球赛事的转播方式仍然会继续优化完善，其目的是给球迷带来更好的观赛和运动体验，5G 时代的到来将会改变球迷的观赛体验和方式，足球赛事依靠科技附加值能够增加赛事的商业价值。”[①] 近年来，有关促进体育产业乃至足球产业的政策文件频频出台，在政策上予以足球产业支持。体育赛事的转播版权渐渐市场化运营，版权市场也越来越规范，足球赛事的价值真正突显出来。

就足球传播市场而言，目前国内的赛事资源是比较丰富，但是由于赛事质量、知名度等问题，大量赛事的市场价值没有挖掘出来。在未来的发展过程中，要着

① 向阳，肖炼. 5G 时代足球赛事转播趋势 [J]. 当代体育科技，2023，13（1）：168–172，177.

重培养某些足球赛事，打造知名赛事 IP，为赛事传播市场提供更多的优质资源。在足球赛事公共信号制作领域，未来更多的竞争会出现在技术层面。在播出平台方面，随着赛事资源的不断增多，需要的播出平台数量也会越来越多，差异化、个性化的足球赛事播出形式是未来播出平台的发展方向。

总之，在政策的驱动之下，足球传媒市场的发展越来越快，涌现出的优秀赛事资源与优秀赛事传媒公司越来越多，足球传媒市场的潜力会逐渐展露。

第三节　足球游戏产业发展实践

一、足球游戏产业发展现状

足球游戏是足球文化的重要载体和传播媒介，注重于给众多无法在绿茵场上一展风姿或者与一线球星同场作战的球迷们一个实现梦想的机会，满足了广大足球爱好者的需求。

我国的足球游戏产业正在经历快速发展时期。随着互联网的高速发展，足球与电子竞技游戏不断融合，衍生出了许多足球的游戏。例如，KONAMI 和网易合作推出的足球手游《实况俱乐部》。在 2022 年度中国游戏产业年会上中国音像与数字出版协会第一副理事长、游戏工委主任委员张毅君对外发布的《2022 年中国游戏产业报告》中指出，在 2022 年，我国游戏市场实际销售收入达到 2658.84 亿元，同比下降 10.33%。游戏用户规模达到 6.64 亿，同比下降 0.33%。自主研发游戏国内市场实际销售收入为 2223.77 亿元，同比下降 13.07%。自研游戏海外市场实际销售收入为 173.46 亿美元，同比下降 3.70%，连续四年超过百亿美元。足球游戏在整个游戏市场收入中占比较低。

国内足球游戏玩家最常选择的产品主要包括 FIFA 系列、实况足球 PES 系列和足球经理 FM 系列等国外开发的足球游戏。《中国足球中长期发展规划（2016—2050 年）》中明确提出“支持开发足球类手机应用程序、互联网和手机足球游戏、足球题材动漫和影视作品”。围绕本土中超联赛的移动端足球游戏开始涌现，如中超风云、热血中超和中超荣耀等。

二、足球游戏产业发展分类

足球游戏按照客户端分类，主要可以分为PC端、主机端和移动端等三类。一些经典的游戏系列在各平台端都有作品。这里对每个平台较有代表性的几款游戏作简要介绍。

（一）PC端

个人电脑作为游戏终端，尽管受到智能手机的挑战，但仍然是普及最广、体验最佳的终端之一，也是各款足球游戏竞争的主战场。PC端有不少经典的足球游戏作品，本书以FIFA Online系列和足球经理系列作为代表。

1. FIFA Online 系列

FIFA Online系列，是一款联网体育竞技类足球游戏，属于大型多人在线模拟体育运动游戏，是经典足球游戏FIFA系列的网络版。FIFA Online 3由艺电（EA）加拿大分局开发，使用FIFA11的游戏引擎，由艺电韩国发行至亚洲，国服FIFA Online 3是由腾讯游戏代理的免费网游。

2. 足球经理系列

足球经理通常简称FM系列是足球模拟经营类游戏的经典作品。同类型的游戏还有创造球会（Sakatsuku）、冠军足球经理（Championship Manager）、英超足球经理（Premire Manager）等。FM系列游戏由世嘉（SEGA）公司推出，游戏拥有几十万条真实的球员和职员资料，这些数据由SI遍布全球的数据收集资料员提供，并经核准，具有很高的真实性和可玩性，所以FM被认为是目前世界上最接近现实的足球经营模拟游戏，受到全世界球迷玩家的热烈追捧。FM系列游戏的几乎每个版本都会增加新的可玩元素，如FM16相比前作的更新包括加入了自定义教练形象、自建球队球衣和LOGO、深入详尽的比赛分析、球员以及球队分析引擎Prozone、转会合同界面细节的变更以及优化、更新董事会、财政、发布会、球队谈话等。

（二）主机端

在移动手机到来之前，主机是除了PC之外非常重要的游戏终端。相比不同品牌个人计算机的同质化，不同厂商所推出的主机具有很大差别，相互无法兼容，甚至同一家厂商所推时的不同世代的主机之间有时也会有根本性的变化。目前，主流的主机包括索尼推出的PS系列、任天堂推出的DS系列以及最新的Nintendo Switch，此外还有微软推出的Xbox系列等。主机端的经典足球游戏，本节以FIFA系列和实况足球系列为代表。

1.FIFA 系列

FIFA系列是由艺电开发的单机体育竞技类足球游戏。英国权威数据机构GfKChart-Track发布2015年游戏总销量榜上，FIFA 16荣登榜首，FIFA15也高居全年销量第7位，FIFA16在PS3/PS4/Xbox 360/Xbox One四大平台都拿到了销量第一的佳绩。

2. 实况足球系列

实况足球，通常也称PES系列游戏，是由科乐美（Konami）制作发行的单机体育竞技类足球游戏，日版的胜利十一人WE也属于实况足球系列。内马尔在其最成功的赛季荣登实况足球2016封面。实况足球2016采用Fox引擎，让球场上的瞬息万变如真实版般展现在众人眼前，另外还重新设计了“大师联赛”规则机制，确保游戏的每个方面都优化到最佳。

（三）移动端

移动终端主要包括智能手机和平板电脑等，移动端游戏市场目前正处于高速增长。移动端足球游戏以中超风云、热血中超和中超荣耀等为代表。

1. 中超风云

中超风云是由中超公司官方正版授权，由胡莱游戏发行，在体育之窗文化产业有限公司监制下，拱顶石游戏历时两年打造的全新3D国民足球手游。中超风云拥有高度还原的数百位中超实名球星、震撼的3D视觉比赛特效、全球领先的动作捕捉技术以及中超球星参与的动作录制，让玩家体验亲临比赛现场般的操作感受，是一款真正为中国足球爱好者量身定制的高品质足球手游。中超风云的正式发行，让国内手游玩家有机会将中超联赛乃至整个中国足坛的经典赛事轻松揣进口袋，随时随地过一把指点赛场风云的瘾。

2. 热血中超

2017年8月29日，由中超正版授权，喜悦动漫与泰昌骏丰联合研发、发行卡牌类3D足球手游热血中超上线。作为一款3D足球策略类手游，热血中超拥有完整、详细、权威的中超联赛数据，通过球员、球队、联赛以及衍生的等丰富内容，热血中超将带给用户最有还原度的“足球经理”体验。

3. 中超荣耀

2017 年 10 月 9 日，由中超联赛正版授权，体育之窗联合掌上纵横共同发行、傲世堂研发的全民足球策略手游中超荣耀正式曝光。游戏重现了 2017 中超联赛的 16 支球队与 200 余位球星，玩家将亲手组建并运营属于自己的中超球队，并率队赢取各项赛事桂冠。

三、足球电子竞技产业发展

足球电竞在国内市场热度渐高，越来越多的机构、公司愿意举办足球电竞赛事。各大高校为丰富学生生活，举办校内的足球电竞赛事，校际之间举行全国高校电子竞赛等；城市冠军赛建立了从地区到全国完整的竞赛体系；中国足球电竞联赛，参赛队伍来自中超职业俱乐部，有着较强的影响力；FSL 联赛由 12 支职业俱乐部参加，赛事的宗旨是致力于打通虚拟足球和现实足球的关系，实现体育电竞的泛娱乐化；随着直播平台的兴起，还有直播平台组织的各种足球游戏赛事等等。

目前，国内足球电子竞技的游戏载体仍然以 FIFA Online 3 为主。足球手游产品涌现，但并未出现相关的手游赛事，未来这一趋势可能改变。国内两个影响力较大的职业足球游戏电竞赛事是 FSL 和 CEFL。

（一）FSL

FSL 全称“FIFA ONLINE 3 STAR LEAGUE”是 FIFA Online 3 官方授权的职业联赛赛事。赛事的宗旨是致力于打通虚拟足球和现实足球的关系，实现体育电竞的泛娱乐化。2017 年的 FSL 联赛共有 12 家电竞俱乐部 57 位职业选手参赛。

（二）中国足球电竞联赛

中国体育电子竞技联盟联合 FIFA Online 3，正式发布了“中国足球电竞联赛 CEFL”。参加本届 CEFL 中国足球电竞联赛的八支中国顶尖俱乐部分别是广州富力电子竞技俱乐部、上海上港电子竞技俱乐部、重庆当代力帆电子竞技俱乐部、贵州恒丰智诚电子竞技俱乐部、鲁能泰山电子竞技俱乐部、河南建业电子竞技俱乐部、江苏苏宁电子竞技俱乐部以及延边富德电子竞技俱乐部。这也是中超俱乐部首次组建战队，参与电竞赛事。

新兴的中国足球电竞产业在接纳传统中超足球俱乐部的同时，同步引流了传统足球累积几十年的千万中国热血球迷，这是直接、高效、集中的受众群体转化。中国球迷和足球游戏玩家之间的高转化率将为中国电竞带来更加稳定的增长空间。

四、足球游戏产业发展挑战

目前，国内精品足球游戏较少，国外开发的足球游戏在国内受关注度高，影响力较大。

五、足球游戏产业发展前景

（一）打造精品职业赛事

足球游戏未来发展需要足球游戏职业赛事。对于赛事 IP 的培养可能是漫长的一个过程，但是在这个过程中，随着赛事不断完善，吸引的受众也将随之增长。球迷以观看职业足球电子竞赛成为一种新的娱乐方式，同时，足球电子竞技和真实足球运动的发展应形成一个双向互利的模式。球迷借助职业赛事，加深对球员以及球队历史文化的了解，进一步加深对足球运动的兴趣。足球运动本身所吸引的受众也为足球类电竞赛事的发展提供直接受众。

（二）足球游戏产品多样化

未来足球游戏发展的产品更加多元化，以电脑、电视和手机为载体的足球游戏层出不穷。各类游戏产品之间的竞争会不断加大，在这种情况下，版权的重要性更加突出。拥有版权的企业，将可以依据权威数据打造出真实的比赛体验。同时，注重引入包括足球明星、足球赛事在内的优质国内外 IP 资源，丰富游戏内容，提升用户体验，呈现更为精良的游戏产品。

第四节 足球旅游产业发展实践

随着中国经济高速增长和居民收入的提高，旅游市场需求呈现多样化。现有的旅游产品出现了休闲、运动等多元分支，游客的服务需求从观赏型旅游向参与体验型旅游发展。足球作为世界第一大体育运动，在我国拥有大量的爱好者，潜在的旅游消费群体数量大，以足球为主题的旅游线路逐渐成为体育旅游的热门产品之一。足球旅游作为一项新的现代旅游产品快速兴起，正在成为中国旅游市场的重要发展趋势。

旅游市场上已经出现了足球的相关服务，国家顺应市场需求，提出加快足球与旅游的融合。2016 年，国家发改委印发《中国足球中长期发展规划（2016—2050 年）》，规划中提出“促进足球产业与相关产业融合发展。加快足球产业与旅游业、建筑业、文化创意、餐饮酒店、健康养生等行业的互动发展，催生足球运动新业态”。足球旅游成为促进足球产业发展的重要部分。

一、足球旅游产业发展的种类

足球旅游泛指以足球为主题的旅游产品，主要包括足球观赛旅游、足球场馆旅游、足球活动旅游等类型。足球观赛旅游是指观众因某项定期举办的足球赛事或某支足球俱乐部的比赛去往居住地以外的地方旅游的活动，如世界杯观赛游、欧洲杯观赛游、西甲皇家马德里观赛游等。足球场馆旅游是指围绕著名足球赛事承办场地、相关博物馆、名人堂等场馆进行的旅游活动，如诺坎普球场游、老特拉福德球场游、曼彻斯特国家博物馆游等。足球活动旅游是指游客前往居住地以外的地方进行足球项目的比赛或练习的旅游活动，如阿森纳足球学校夏令营，足球亲子游等。

（一）足球观赛旅游

每一届世界杯足球赛、欧洲杯足球赛以及欧洲各大顶级足球联赛，都在中国拥有大量的球迷，这些球迷是足球观赛旅游的潜在消费群体。首先，对于资深球迷来说，亲临现场观看一场顶级足球比赛，感受比赛现场的热烈氛围，是观看视频转播提供的观赛感受无法比拟的；其次，在世界杯、欧洲杯比赛期间，主办城市充满足球元素，对非球迷游客而言，可以获得主办城市原有景色与足球氛围的双重体验。因此，每当有重大杯赛举行时，各大旅游公司纷纷开辟足球观赛游业务，吸引游客前往足球杯赛举办地旅游。

1. 足球杯赛观赛游

世界杯是与奥运会齐名的世界两大最顶级的体育盛事。每届世界杯都是全世界球迷的节日，大批世界各地的球迷会涌入世界杯主办国观赛。欧洲杯的关注度虽不及世界杯，但由于欧洲拥有众多传统足球强队以及顶级球星，加上中国球迷对欧洲五大联赛的热情，使其在中国也有着巨大的影响力。随着世界各国经济水平的不断发展，世界杯对举办地国家经济的拉动具有很重要的作用。

国内许多网络旅游平台，也抓住杯赛这一热点，开展了以足球观赛为核心的杯赛观赛游，帮助游客订购球票，并提供比赛举办城市的深度游服务。以 2016 年的法国欧洲杯为例，途牛、携程、驴妈妈均推出了以观赛为核心的旅游服务产品。2018 年，俄罗斯世界杯接待服务套餐的国内发售经纪商盛开体育旅游推出了官方票务计划，包含多款观赛产品。

2. 足球联赛观赛游

除了国家与国家之间的杯赛，一些顶级足球俱乐部之间的比赛也会吸引大量游客到现场观赛。近几年英超联赛和西甲联赛的赛事质量、球星数量、关键比赛的话题性都处于较高水平，这两个国家的观赛游产品更受欢迎。西班牙的马德里、巴塞罗那，英国的伦敦、曼彻斯特和利物浦都是观赛游的热门目的地城市。德甲、法甲和意甲联赛，也因为几支豪门球队的强势以及大牌球星的转会加入，热度持续上升，奔赴慕尼黑、巴黎、都灵和米兰等城市观赛的球迷游客也不在少数。

观赛游的游客通常会根据赛程安排自己的行程，具有话题性的豪门对战是足球观赛游的热点。皇马和巴萨的西班牙国家德比、曼联与利物浦的双红会、曼联和曼城的同城德比、阿森纳和热刺的北伦敦德比等类似的德比赛事是游客足球观赛的首选。以西甲为例，每年的西班牙国家德比都会吸引全世界球迷的目光，2017 年 12 月 20 日，皇家马德里在主场迎战巴塞罗那，不少游客都选择这个时间段奔赴西班牙一睹两支豪门球队的风采。

3. 国内足球赛事观赛游

我国的足球赛事体系经过多年的发展，资源比较丰富，中超联赛、国家队赛事、足协杯、超级杯、亚冠联赛在国内都有着不少球迷。这些赛事中的关键比赛往往会吸引全国球迷的注意力，产生较大的影响。随着国内中超联赛水平的不断提高，以及国家队关键场次比赛的增多，在国内奔赴异地观看一场足球比赛的观赛游行为越来越多。如中超比赛中的广州恒大对阵北京国安的强强之争，上海申花对阵上海上港的“上海德比”，富有话题性的赛事往往会吸引赛队球迷随队来到赛场，为自己所支持的球队加油助威。在国内进行的国家队赛事的上座情况更是保持在一个较高的水平。2015 年，亚冠决赛次回合比赛中，中国广州恒大队在主场以 1-0 战胜阿联酋阿尔阿赫利队，在本场比赛中有超过 5 万来自全国各地以及阿尔阿赫利队的球迷涌入天河体育场。2016 年，中国男足比赛场均上座人数超过 3 万，且非赛事主办地球迷不在少数。

虽然国内的球迷已经在自发的进行了足球观赛自助游，但是旅游公司极少针对国内举行的足球比赛而开辟一条旅游线路。并且，球迷到达赛事举办地仅仅观看一场比赛，活动比较单一。我国国内的足球比赛观赛游还有较大的发展潜力。

（二）足球场馆旅游

足球场馆作为球队的主场，见证足球俱乐部的发展与变迁，见证球队的辉煌与历史，凝聚着球队独特的球队文化，是足球主题游的重要景点。一些著名的足球场已经成为球迷心中的足球圣地，欧洲老牌俱乐部的主场已经成为球队文化乃至城市文化的重要载体，是城市重要的旅游资源，如西甲巴塞罗那的主场诺坎普球场、皇家马德里的主场伯纳乌球场、英超曼联的老特拉福德球场、德甲拜仁慕尼黑的安联球场、意甲 AC 米兰的圣西罗球场等。

为了增强游客对足球场馆的体验感，场馆也会开放一些体验式的活动，如走过球员通道、模拟新闻发布等活动，让游客在参观中体验比赛气氛。各大场馆能够提供的旅游资源不尽相同，但大致可以分为以下三类：

第一，特色足球场馆，例如慕尼黑安联球场，设计独特，它不同寻常的表面由 2874 个菱形膜结构构成，每个膜结构都可以在夜间被照成红蓝白三色，分别对应于拜仁、1860 以及德国国家队的队服颜色，带给参观者全新的感受。

第二，俱乐部博物馆，如位于诺坎普球场入口处的巴塞罗那俱乐部博物馆，以视频、音频、图片、实物等方式介绍俱乐部的历史；曼联主场老特拉福德球场中的曼联队史纪念馆，收藏了球队多年来夺得的奖杯、纪念球衣等。

第三，足球学校，如诺坎普球场中的拉玛西亚训练营，被称为足球界的“西点军校”，培养了梅西等一批足球巨星。

（三）足球活动旅游

对于经常参与足球运动的球迷来说，简单的参观游览并不能满足他们的需求，亲身体验才能让他们获得旅游的快乐。针对这部分球迷的需求，一些旅游平台推出了足球活动旅游。足球活动旅游主要分为两种：短期足球训练游和足球学校夏令营。

短期足球训练游可以为这部分球迷或运动员进一步提供深度参与体验，参与者通过前往足球训练基地接受私人足球训练，在满足旅游休闲娱乐的同时，提升自身的足球技能。这些旅游活动将带参与者前往训练基地，进行私人足球训练课程。

足球学校夏令营是针对青少年和儿童量身打造的足球训练游或足球亲子游，参与者可以在假期中游览异国风情、体验足球文化、提升足球素质。国外特别是欧洲的足球活动旅游资源丰富、足球氛围浓厚，对全世界的足球爱好者形成了巨大的吸引力。

巴塞罗那足球夏令营为全世界的青少年提供了在巴塞罗那俱乐部青训营这个殿堂级的足球学校接受专业培训的机会。夏令营运用巴萨特色培养方式，给每一个学员量身定做的练习方法和精心策划的训练项目，使学员能够全面理解足球的内涵及技术精髓，在实践中提高自己的技能。

二、足球小镇

（一）国内足球小镇特点

足球小镇建设特色明显，以足球为主题，充分利用当地的自然优势，覆盖各类足球产品与服务，通过举办足球赛事、开展足球娱乐活动、组织足球训练等形式吸引游客前来游览体验，为足球爱好者提供全方位服务。足球小镇的建设对国内的足球旅游的发展有着重要的推动作用。

（二）国内足球小镇的发展趋势

目前在建的足球小镇主要提供两大类服务：一类是足球培训，提供运动员、裁判员、教练员培训服务，如临淄少儿齐文化足球小镇、北京槐房国际足球小镇等；另一类是足球娱乐休闲，游客通过参与小镇上设置的足球娱乐项目感受足球魅力，如贵安新区棕榈·西布朗足球小镇等。足球小镇提供的足球类服务类型多样、层次丰富，是一种具有开发价值的旅游资源。

当前足球小镇的知名度低、游客流量小，这些足球小镇可以尝试举办国际知名俱乐部邀请赛，吸引游客前来观赛，提升小镇影响力。小镇还可以尝试构建自己的赛事 IP，打造属于自己的赛事品牌，以期更长远的发展。

三、国内足球旅游的前景

近几年，足球产业与旅游产业发展都十分迅速，做好足球 + 旅游的融合，对两个产业的发展都有重要的意义。从国外的足球发展经验来看，足球观赛旅游、足球场馆旅游、足球活动旅游应该成为中国足球旅游的发展方向。打造优质赛事、培养足球文化、提高足球训练游质量是足球旅游成功的关键点。构建优质足球赛事 IP，为足球比赛举办城市吸引大量游客，实现以赛事为核心的经济效益。足球俱乐部应以足球场为核心打造足球人文景观，满足游客参观、体验、文娱等各方面的深度旅游需求。旅游平台应推出多层次的足球旅游产品，挖掘用户的潜在需求，将赛事旅游、场馆旅游和足球训练游、足球活动游、城市周边游等旅游项目结合起来，丰富旅游体验，满足不同需求游客，扩大足球旅游受众。

参考文献

[1] 张超．现代足球教学与科学化训练研究 [M]．北京：新华出版社，2019.

[2] 任定猛．五人制足球训练理论体系构建与技战术训练应用研究 [M]．北京：体育大学出版社，2014.

[3] 孙健．足球比赛节奏的理论构建与实证研究 [M]．北京：体育大学出版社，2013.

[4] 刘涛．足球理论与实践 [M]．北京：体育大学出版社，2009.

[5] 袁夕坤，战炤磊．体育产业高质量发展研究 [M]．南京：东南大学出版社，2021.

[6] 朱壮志．"互联网 +"体育产业生态建构与发展策略 [M]．南京：南京大学出版社，2019.

[7] 刘忠良．体育产业发展理论探究 [M]．北京：新华出版社，2019.

[8] 王飞．我国体育产业发展的制度创新研究 [M]．北京：体育大学出版社，2015.

[9] 张春志．我国体育产业发展的理论与实践研究 [M]．北京：新华出版社，2015.

[10] 李建臣．体育产业资本市场创新体系研究 [M]．北京：体育大学出版社，2008.

[11] 黄旭．高职院校足球运动训练的合理化分析 [J]．科技风，2023（8）：22–24.

[12] 刘瑛，莫仕围，谭沃杰．长期足球运动锻炼对身体平衡控制能力影响的研究 [J]．体育科技文献通报，2023，31（1）：247–250，262.

[13] 武君戈．大学生足球运动体能训练方法研究 [J]．当代体育科技，2022，12（36）：41–44.

[14] 孙越，薛浩．体教融合背景下我国校园足球运动发展的现实审视与路径选择 [J]．成都师范学院学报，2022，38（6）：8–14.

[15] 陈明．足球运动员的体能训练与疲劳消除 [J]．北京体育大学学报，2006（2）：

206–208.
[16] 郭李亮. 我国室外五人制足球的现状及发展前景分析 [J]. 体育科技,2002(2): 57–60.
[17] 沈克印，林舒婷，董芹芹，等. 我国体育产业数字化转型的现实要求、发展困境与实践策略 [J]. 武汉体育学院学报，2022，56（8）：51–59.
[18] 沈克印，林舒婷，董芹芹，等. 数字经济驱动体育产业高质量发展的变革机制与推进策略 [J]. 体育学研究，2022，36（3）：46–59，90.
[19] 黄海燕，康露. 新时代体育产业高质量发展的理论逻辑与实施路径 [J]. 体育科学，2022，42（1）：15–34，58.
[20] 任波，黄海燕. 数字经济驱动体育产业高质量发展的理论逻辑、现实困境与实施路径 [J]. 上海体育学院学报，2021，45（7）：22–34，66.
[21] 龚炳南. 足球比赛表现分析理论与应用研究 [D]. 北京：北京体育大学，2020.
[22] 冯章帅. 足球运动员踢球腿与支撑腿不对称性的生物力学研究 [D]. 北京：北京体育大学，2016.
[23] 鲁博. 足球运动员位置角色与技战术节奏关系研究 [D]. 苏州：苏州大学，2016.
[24] 胡林涛. 对我国足球运动训练理念的理论探讨 [D]. 成都：成都体育学院，2013.
[25] 郑婕. 基于引力模型的关中城市群城市间体育产业吸引力研究 [D]. 西安：西安体育学院，2022.
[26] 魏童. 体育消费试点城市体育产业竞争力评价指标体系构建研究 [D]. 西安：西安体育学院，2022.
[27] 朱宏锐. 城市群视域下体育产业生产要素集聚研究 [D]. 成都：成都体育学院，2022.
[28] 张亮. 我国体育产业高质量发展机制研究 [D]. 吉林：吉林大学，2022.
[29] 张峻亹. 促进体育产业高质量发展的财政政策研究 [D]. 江西：江西财经大学，2021.
[30] 吴雪丽. 我国体育产业政策文本研究 [D]. 武汉：华中师范大学，2020.